フィギュール彩 ㊺

THE BIRTH OF THE THEATRE DIRECTOR:
THEATRE'S MODERNITY AND ITS TRANSITIONS

TAKESHI KAWASHIMA

# 演出家の誕生

## 演劇の近代とその変遷

島 健



figure Sai

彩流社

目次

# はじめに

## 演出家という職能

本書の目的は、「演出家」という観点から演劇を考えることにあります。

演劇にはそもそも演出家と名づけられるような職能がありませんでした。しかしこのような言い方には注意が必要です。二〇世紀以前に「演出」という考えや言葉がなかったというわけではありません。たとえば演出を次のように定義している人もいます。「演出とは、舞台のために書かれた原文に、あらゆる手段によって、魂を与え、光を与え、生命を与えることである」[★1]。演出がそのようなものであるならば、それは演劇の歴史の最初からあったと考えていいでしょう。多くの俳優に指示を出し、スタッフの多様な作業をまとめる交通整理や、リハーサルから上演へと円滑に導く仕事は、演劇の始まりとともにあったと想定されます。

演出そのものは長い歴史を持つ一方で、「演出家」という職能が独立したものとして考えられるようになったのは比較的最近です。演出は長い間、劇作家や主演俳優が兼務するものでありました。日本語でも「座長公演」という言葉がありますが、その座長とは主演俳優と演出家を兼ねたポジションを指しています。モリエールなども戯曲を書くだけでなく、主演を努め、また演出(らしきこと)もやっていました。このような「演出」が独立した「職能」となり、「演出」を専門に行なう「演出家」が誕生したのが一九世紀の終わりから二〇世紀の初めにかけてです。

本書は、なぜこの時期に演出家という職能が生まれたのかという問題を考えることから始め、その誕生が演劇にどのような変化を与えたかという問題も視野に入れます。また演劇というシステムにおいて、観客の存在がどのように変化したかも考察していきます。本書が射程とするのは、一九世紀の終わり頃から一九六〇年代頃までです。しかし、演劇史という言葉が内包するような年代記的な記述方法ではなく、複数のスレッドをたどりながら、他の芸術ジャンルとの相関関係や社会変化からの影響を視野に入れて議論を進めていきます。代表的な劇作家のテクストや有名な演出家の言葉を参照し、分析することに多くの紙面を費やしますが、重要な作家やテクストをすべて包括し、網羅的に言及することはしません。むしろかなりマイナーな作品に触れることもあるかもしれません。それは演出家、観客という観点によって今までの演劇史とは異なったストーリーを紡ぐことが本書の隠れた目的だからです。

主な対象はヨーロッパの現代演劇ですが、いわゆる一国文学の枠内に議論をとどめません。国境を自由に横断しながら、複数の国の演劇関連の問題と現象をつなげて考えていきます。演劇はそもそも戯曲執筆の場所と上演の場所が離れていることが普通です。それはときに国境を跨ぐこともあります。その証拠に、劇作の翻訳も非常に活発に行なわれ、またスタッフなどの人材交流も多くみられます。たとえば一九〇〇年前後のヨーロッパの演劇を考えるときには、ノルウェイのイプセンを考えないわけにはいきません。一九世紀末には世界的に評価が高まり、とくにイギリスではイプセンの翻訳上演が一大ブームを迎えます。しかし、本国での評価はそれに比例していたわけではありません。若い頃、ジェイムズ・ジョイスはイプセンの作品に熱狂していたことで知られていますが、「自身の王国に歓喜の声で迎え入れられるまでには、さらに多くの歳月が必要となるに違いない」(★2)とやや冷静に分析しています。またドイツの劇作家・演出家ブレヒトは本国以上にフランスやイギリスで評価されました。先述したように、執筆と上演が分離している演劇では、国民作家を待望するよりも、外国の作家、作品を紹介することに情熱が傾けられました。このように考えると、一国史的な観点から演劇をみることは、そこで起こっていることの多くを見逃すことでもあります。

複数の国を巻き込んで起こるグローバルな問題が目立つようになってきたのは、一九世紀半ばからです。諸国民の春、第一次世界大戦、第二次世界大戦などはヨーロッパ全土を巻き込んだ現象です。このような事件にたいする局所的な現象を分析することも大切ですが、本書では巨視的な視野をとり、演劇をグローバルな活動として考えていこうと思います。

## 「勝ち」と「負け」

二〇〇六年二月から三月に開催された東京国際芸術祭で、アメリカ現代劇作家の劇作を翻訳して、日本人演出家が演出し、リーディング公演を行なうという企画があり、僕はそれに翻訳者として参加したことがあります。劇作家も来日し、演出家や役者、スタッフのリハーサルを見学するという企画はとても刺激的なものでした。しかし、僕の記憶に残っているのは、公演のあとに、劇作家、演出家が登壇して観客と質疑応答をするポストパフォーマンス・トークで、観客席から立ち上がったひとりの女性の発言です。それは、劇作家が干渉するなか、演出家は自らの色でその作品を塗り上げることができた、それは劇作にたいする演出の勝利だ、という主旨の発言でした。以後も活発な議論が続きましたが、僕はその女性の発言がずっと気にかかっていました。

明治以降、日本の近代化政策は、西洋に追いつけ追い越せと海外の文化を輸入することに依存してきたことはよく知られています。受け入れるべき内実も持たないまま、ただ西洋の考えを輸入する状況に、夏目漱石が「現代日本の開化」(一九一三)で皮肉な感想を漏らしました。日本の演劇もまたそのような近代化政策のもとに発展してきました。外国から輸入された劇作や演技法をありがたがる傾向があったことは否定できません。先の女性の発言は、西洋諸国の後塵を拝してきた日本演劇の苦渋を鑑みたものかもしれません。外国作品をただ翻訳し、忠実に上演するのではなく、自分流に解釈をした上演であったことを評価するポストコロニアル的な意識がそこにあったことは確かでしょう。

しかし、先の女性の発言は、近代化が西洋化であったトラウマを持つ日本の国状を憂う問題意識に由来するものではなく、むしろ、演劇というシステムそのものが普遍的に喚起するものではないかと、僕は考えていました。日本に限らず、どの国でも演劇の演出家は劇作と潜在的に闘わなければならないのではないか。

このような疑問は、別の疑問へとつながっていきます。もし演出家が自分なりの演出をすることが勝利ならば、負けとはどのような演出に与えられる汚名なのか。原作に勝った演出は常に観客を感動させるものなのか。逆に、負けた演出の上演は観客を失望させるものなのか。このような疑問が僕の頭に渦巻いていました。

　芸術は社会の対立項として想定されることがよくあります。たとえば、世間に認められぬ詩人の、正当な評価をもとめる孤高の戦いや、社会の不正を訴えるために抗議する作家の奮闘などは典型的なイメージです。演劇もまた反社会的な人物、思想と結びつきやすいジャンルです。エリザベス朝は、ウィリアム・シェイクスピアらが傑作を残し、歴史的にも類まれな、華やかな演劇文化をロンドンにもたらしましたが、一六四〇年頃のピューリタン革命により、劇場は閉鎖され、演劇は禁じられてしまいました。日本では、一九三〇年前後にプロレタリア演劇を上演する劇団が弾圧されました。国を問わず多くの人間を巻き込む演劇には、社会との対立を迫るようなモメントがあるようです。

　しかし演劇VS.社会という二項対立は、演劇を取り巻く問題を非常に単純化してしまいます。演劇の内部構造そのものに潜在している対立を、演劇VS.社会の二項対立は見えにくくしてしまいます。演劇は第一に、演出家がスタッフや俳優を使い原作を具体化し、視覚的イメージを与えるというプロセスがあります。第二に、俳優が自らの声と体を使って観客の前で演技をするというプロセスがあります。演劇全体を考えた場合、このふたつのプロセスを抜きにすることはできません。

　このふたつのプロセスはともに複数の声、意見、考えが織りなすインターフェイスでもあります。第一のプロセスでは劇作家と演出家(およびスタッフと俳優)、第二のプロセスでは俳優と観客が関わり合うことになります。あるいは、自分の意図を全うしたいという芸術家の思いと、損だけはしたくないという劇場側や後援者の経済的な配慮がぶつかるときもあるでしょう。複数の意見がぶつかり合い、軋轢や摩擦を起こすとき、インターフェイスは闘いで喩えられるのが適当です。このような闘いは、演劇自体がひとつのシステム、つまり複数の価値観が複雑に絡み合う場であることを示しています。

## 戯曲の理論

西洋演劇史において二〇世紀は「演出の時代」といわれました。それは、演劇というシステム、制度において「演出」の占める割合が拡大した時代です。たとえば蜷川幸雄という演出家がいます。彼が演出をしたシェイクスピアの作品は『NINAGAWA・マクベス』(一九八〇)と称されました。観客はシェイクスピアのマクベスを観に来るというよりは、蜷川のマクベスを観に来るわけです。このように演出家の名前が、作家の名前を押しのけて、作品の先頭にくるというのは極めて現代的な現象です。一九世紀まで、演出家の名前が大々的に宣伝されることはありませんでした。

さて、西洋の大学で演劇を学ぶとたいてい読まされる理論書があります。たとえばアリストテレス『詩学』(紀元前三三五?)、サー・フィリップ・シドニー『詩の弁護』(一五九五)、ニコラ・ボワロー『詩法』(一六七四)、グスタフ・フライターク『戯曲法』(一八六三)などが代表的なものでしょう。アリストテレスの『詩学』は「三一致の法則」を提唱したものとして知られていますが、これは正しくありません。確かにアリストテレスは筋を複雑にすべからずとはいっていますが、三一致の法則のような定理にまでは発展させていません。それを述べるのは、実はボワローです。『詩法』で彼は、一日のうちに(時間の一致)、一箇所で起こる(場所の一致)、ひとつの事件を扱うべし(行為の一致)と唱えます。これは一七世紀フランスで活躍した劇作家の方法を反映し、またそれに影響を与えた考え方でもあります。つまり演劇に規則を求める古典主義者が、ギリシャへの回帰として作り出した概念でもあるわけです。

フライタークが『戯曲の技巧』で主張したことは五部三点論と呼ばれます。彼はソフォクレスやシェイクスピア、ゲーテの劇作を分析し、戯曲の構造を明らかにします。簡単にいうと「導入部」、「上昇部」、「頂点」、「下降部」、「破局」という五部と、導入部を上昇部に繋げる「起動点」、「頂点」から「下降部」へと導く「悲劇的契機」、「下降部」と「破局」の間でもう一度緊張感を高める「緊張的契機」という三点。この五部と三点の組み合わせによって演劇、特に悲劇はできあがっているという主張です。

有名な「三一致の法則」と「五部三点説」ですが、これを「演劇」の理論と呼ぶことはできるでしょうか。ここでは上演や演技については全くと言っていいほど語られていません。ひたすらに戯曲のことが述べられています。そもそもボワローもフライタークも演劇人というよりは詩人であり、文芸一般について述べる批評家であったことも忘れてはなりません。

アリストテレスは『詩学』で次のようにいいます。「悲劇そのものの機能は、たとい競演にあがらなくても、すなわち演じる役者がいないとしても、尚かつ存在するもの」(★3)。この言葉が象徴しているように、西洋演劇において戯曲を優位に置き、上演を軽視する考えが根強くありました。演劇とはテクストであり、その仕組みといえば戯曲の構造であり、その成功は戯曲の良し悪しに帰せられていたということをおさえておく必要があります。演劇において演出が重要視されていなかったのには、このような伝統があったからでした。

## 演出家の誕生

では演出という仕事が重視されるようになったのはいつ頃でしょうか。それは大まかに一九世紀後半あたりということができます。エミール・ゾラの「演劇における自然主義」(一八七九)での次のような提案にその萌芽をみることができます。

舞台装置は絶え間ない描写であって、小説の中でなされる描写よりもはるかに正確で心打つものであり得るのではないだろうか。〔中略〕今やこの現実を用いることは劇作家の責務である。彼らが登場人物と事実とを提供すれば、その指示に基づいて舞台装置家たちが環境を事物化し見せるころができるのだろう。(★4)

ゾラのいうことを理解するために、ナラトロジーの用語を参照してみましょう。それによると、ストーリーはものごとの前後関係を提示したものであるのにたいして、プロットはそれを要約しつつ、原因と結果の因果関係を明らかにしたものです。そしてナラティブは、プロットを伝える語り手と聞き手の存在、あるいはそこで使用されるレトリックのことです。ゾラのいう「描写」とは、おそらくこのナラティブに相当します。それはプロットを効果的に述べるための、様々なレトリックと考えていいでしょう。ゾラは、劇作家が「描写」の最低限の指示を出す必要があるといいます。そしてそれを目に見えるかたちにして舞台上に具体化するのが舞台装置家の仕事とされます。戯曲創作の仕事と上演の作業の分掌が明確に意識されていることがわかります。

このような考え方はアンドレ・アントワーヌに受け継がれていきます。フランスで初の演出家と呼ばれるアントワーヌは、「演出についてのおしゃべり」(一九〇三)で次のようにその仕事について語っています。

私が思うには、現代の演出は、小説において描写が果たしている役割を、演劇において果たすものでなければならないと思います。演出は単に筋に適切な枠組みを与えるのみではなく、その真の性質を決定し、雰囲気を作り出すものでなければならないのです(実際今日ではそうなっている場合が一番多いでしょうが)。

これは重要な役割ですが、全く新しい役割でもあります。我らがフランス古典劇はこういうことをほとんど教えてくれなかったのですから。結果として、この二十年間かなりの努力がなされたというのに、一つの原理も導き出されず、基本原則が打ち立てられることもなく、講座が開かれることもなく、スタッフが養成されることもありませんでした。(★5)

アントワーヌはゾラ以上に踏み込んで舞台の仕事の領域を拡大しています。「演出」という言葉を用いて、「描写」はその管轄にあると明言します。「描写」がナラティブであり、演劇では「演出」の仕事にあたるならば、それは、上演の場所と時間、観客を意識することでしょう。いつどこで、どのような観客にたいして上演するのかを熟考することによって、演出は作品を語るためのレトリックを練り上げなければなりません。

アントワーヌは演出の仕事を認めるように要請します。そして実際にその言葉に呼応するように、一九世紀終わりにはヨーロッパ各地で演出家と呼ばれる人々が出てきます。演出家とは舞台を、戯曲への一方的な依存から解放するために誕生した職能です。舞台空間が戯曲をただ読み上げるだけの空間ではなくなり、その言葉が解釈され、視覚イメージと俳優の身体とともに提示される空間となったのです。演劇は言葉への従属から解放され、戯曲にたいして舞台そのものの価値が主張されるわけです。

ゾラとアントワーヌが演出の重要性を主張するときに、自然主義小説と演劇を比較していたことに留意すべきです。一九世紀後半の文芸は自然主義の洗礼を受けました。演劇もまた例外ではありません。本書でも論じるように、イプセンやチェーホフなどの自然主義劇作家は戯曲の書き方を変えただけでなく、リハーサルから上演へ向かうプロセス、演劇というシステムそのものをすっかり変えてしまいました。演出家という職能はこれらの自然主義演劇から生まれてきたといっても過言ではありません。

しかし、演劇システムの構造変化とそれに伴う職務分掌——劇作家と演出家の闘い——の原因を、演劇史の文脈だけで説明しきることはできません。演出家という職能の独立は、観客の存在を意識したときにより必然性を増します。一九世紀後半は劇場に集う観客層の変化が起こった時代でもありました。特定少数の貴族たちによって庇護され、彼らの集う場所から、不特定多数のブルジョアたちが観劇をする場へと変わっていったのです。そのような変化に要請されたように、演出家は守備範囲を広げ、単なる俳優やスタッフの交通整理だけでなく、戯曲を解釈し、その語り方を考える存在へとなったのです。

演出家という職能の独立は、演劇システムの内的発展だけでなく、それをとりまく「外圧」によって可能になりました。戯曲から上演に向かうプロセスの変化と、劇場を取り巻く様々な力の変化は、どちらが原因でどちらが結果だと単純に決めることができません。それは複雑に絡み合いながら、自らを書き換えていくプログラムのようなものです。本書では、演劇システムにおける内部闘争と外圧を俯瞰的におさめる視座に立ちながら、そのプログラムの変化を追っていきたいと思います。

# 第一章　俳優の時代

## 俳優の時代

西洋演劇において、演出家という職能が誕生するまでは、戯曲と劇作家の優位の時代が続きました。そして長い間、力量のある俳優が、名作と呼ばれる戯曲を朗誦する、それだけで演劇は成立していました。「劇作家」と「俳優」というふたつの役割が演劇を支えていたわけです。劇作家が美しい文章を書き、俳優がそれを流麗に朗誦することで、演劇は成り立っていたともいえます。

一九世紀は特に「俳優の時代」といわれ、多くのスター俳優が登場しました。実験的で前衛的なものが試されるというよりは、古典と目される演目をスターが演じることが絶賛された時代です。そのような傾向に異論がではじめるのは、一九世紀後半です。それまでの俳優の役割を確認するためには、再びアンドレ・アントワーヌの言葉に耳を傾けるのが良いでしょう。

というのは、ご存じのように、18世紀の半ばまで、つまり舞台の上をふさいでいる邪魔者たちを追い払うために、演劇愛好家であるローラゲ伯がコメディ＝フランセーズに12、000リーヴルの寄付をして、その分失われてしまう席料を補填してやったとき（1759年）まで、俳優たちはほとんど動けませんでした。一群の貴族たちが、俳優の間近に座る権利を得るために非常な高値を支払って、俳優たちを両側から取り囲んでいたのです。これは『ル・シッド』初日（コルネイユ作、1637年）に端を発するもので、あまりにも観客が殺到したために、吟唱者《レシタン》（本当のところまだ役者とは呼べません）はこの特権を持った群衆のなかに紛れることになってしまったのです。

〔中略〕

しばしば大貴族から衣服を拝領して、誰もができる限り豪華に着飾って登場し、大なり小なりの才能を発揮しつつ朗誦《デクラメ》しました。環境や家具や小道具といったことは問題になり得ようがありませんでした。舞台上がすっきりしたときになってはじめて、本物の舞台装置を建て込んだり、左右に大まかな物語の場所を描いた枠絵を立てたり、入退場用の通路を設けたり、ということが可能になったのです。登場人物はようやく動けるようになって、それによって自然と演技しやすくなり、脚光の前で不動のまま正面を向いていることもなくなり、単に台詞を吟唱するのではなく登場人物を生きるようになっていったのです。（★1）

一七世紀から一八世紀は、上演は特権的な階級のためにありました。舞台はそのような貴族たちに包囲され、役者たちの行動範囲は狭められていました。その俳優をアントワーヌが「吟唱者」といっていることに注意しましょう。俳優はテクストを再生する装置に過ぎなかったわけで、それは個々の俳優が持っている身体性を消すことでもありました。俳優が演技できるようになるためには、まず演技に必要な空間を確保し、身体性を回復することが重要でした。そのときになって初めて俳優に演技が可能になったのです。ここでアントワーヌは「舞台装置」についても言及しています。それは舞台の単なる背景ではなく、演技空間の拡大を象徴していたのです。

ゾラは「演劇における自然主義」で、この問題を違った角度から考察しています。

> 演劇向きの文体があると言われている。話される会話とはまったく違って、もっとよく響き、もっときびきびしていて、もっと格調高く書かれ、おそらくシャンデリアの光をきらめかせるために多面的な裁断の施された華々しい文体であることが望まれている。今日では、例えばデュマ・フィス氏が大劇作家であると見なされている。氏の「名言」は有名である。それは打ち上げ花火のように飛び出し、観客の拍手喝采を受けつつ、花束となって落ちてくる。それに、彼のつくったすべての登場人物は同じ言語を話している。すなわち才気煥発なパリ人の言語であり、逆説によって活気づけられ、絶えず気の利いた言い回しを狙った乾いてむき出しの言語である。私はこの言語の、たいして実質的ではないとしても、それなりの輝きを否定はしないが、その真実性は否定する。文章のこの絶え間ない薄ら笑いほどうんざりさせるものはない。もっとしなやかで、もっと自然であって欲しい。〔中略〕いつの日か人々は、演劇における最良の文体とは、話される会話を最も巧みに要約し、もつべき価値を持った的確な言葉をしかるべき位置に配置する文

体であることに気づくだろう。(★2)

アントワーヌが俳優の役割変化について述べているのにたいして、ゾラは戯曲の言葉について述べています。彼はまず演劇の言葉が美辞麗句に溢れていることを批判します。次にそれがパリ、つまり都会の言葉であることが批判されます。そのような言葉に対置されるのは、日常的に使用される口語に近い言葉、様々な方言や言い回しです。

着飾ったものではなく、普段使いに近い言葉を使用することは、演劇の自然主義宣言と考えることもできるでしょう。ゾラは「デュマ・フィス」を敵とみなしますが、その言葉を「シャンデリア」に比していることは、レトリック以上の意味を持っています。後で述べることになりますが、一九世紀まで劇場は芸術作品を享受する場所というよりは、特権階級の社交場として機能していました。台詞とはあくまでもそのような観客たちに光を当てる装置に過ぎなかったのです。そのような特定の階級の人々のためにだけあるような演劇の言葉を、ゾラは「シャンデリア」と批判しているわけです。

一九世紀後半になると、ゾラの言葉が示唆しているように、劇場が貴族たちのサロンから不特定多数の大衆たちの占める場所となっていった時代でした。そしてそれは興味深いことに、俳優の役割変化と軌を一にしています。イギリスに目を移してみましょう。アイルランド出身で喜劇の名手として名高いオスカー・ワイルドは「批評家としての俳優」(一八八八)で次のように主張します。

役者のパーソナリティと、芸術が存在する所以である喜びを与える力は、もちろん、消え失せてしまいます。しかし偉大な俳優の芸術的方法は残ります。それは伝統の中に生きており、学問研究の一部になるのです。それは原理に基づいた知的な生き方を有しているのです。(★3)

ワイルドは俳優の演技が科学の領域にあるといいます。それははかなく消え去るものではなく、伝統のなかに原理とともにあり、学問の対象でさえあるといいます。ワイルドは、俳優の仕事が単なるテクストの吟唱や再現ではなく、知的創造であることを主張しているのです。俳優の時代は、一部の例外的な能力と人気を持ったスターたちを輩出しましたが、それと同時に俳優の機能変化があった時代でもありました。それは演劇内の機能変化の産物であるとともに、社会のある変化に対応したものでもありました。

同時期の音楽会、演奏会を参照してみましょう。基本的に特定少数の貴族のための社交の場であった演奏会がブルジョアや大衆にもひらかれるようになったのは一九世紀です。そのような変化に対応するように、それまでパーティのためのバックグラウンド・ミュージック的な役割であった演奏そのものが楽しまれるようになります。渡辺裕は『聴衆の誕生』(二〇一二)の中で、「ヴィルトゥオーソ」に注意を促します。それは「サーカスまがいの超人的な妙義と華麗な演奏を売り物にした(★4)」音楽家のことです。

観客席を占め始める不特定多数の大衆は社交を楽しむ代わりに、舞台そのものへと関心を移し始めます。そのとき演奏そのものを目立たせるような工夫が考案されたのです。次に一九世紀後半には、真面目に音楽を聴こうとする聴衆が現れ、演奏ではなく作品そのものを理解しようとする鑑賞態度が支配的になります。そのような態度こそが、現代にまで通じる音楽鑑賞の基盤にあるのですが、そのような「真面目派」の前に、「ヴィルトゥオーソ」が登場し、演奏会を商業化するとともに、ブルジョアたちに新しい娯楽を提供したことは銘記すべきことです。

演劇においても同様の変化がみられます。一九世紀、観劇がブルジョアにとっての楽しみになるにしたがって、スター俳優が登場するようになります。それは音楽演奏会における「ヴィルトゥオーソ」にあたる存在です。優美なルックスと華麗巧みな朗誦の技術で観客たちを魅了します。ワイルドが俳優の技を称賛するときは必ず、エドマンド・キーンやヘンリー・アービングなどの有名俳優の名を挙げ、それらの技能が「単なる模倣ではなく、想像的で知的な創造」(★5)であることを強調しています。

## エドマンド・キーン

一九世紀のイギリスで、名優と誉れ高いジョン・フィリップ・ケンブルなどと並んで人気を博したのが、エドマンド・キーンです。気まぐれで自己中心的な性格で、男女関係を含め社会生活において極めて破天荒な人生をおくった人です。一方、芝居に関しては、天才的な演技力を発揮できた人です。彼の伝記などをみても、リハーサルをじっくりしたということはほとんど書かれていません。俳優たちが集まったときはすでに台詞は暗記していて、簡単な通し稽古のみで本番を迎えるものの、観客から大喝采を浴びるほどの才能だったようです。彼のそのような演劇にたいする取り組みは、戯曲とそれを朗唱する俳優がいれば演劇が成立するという考えを例証しています。

この伝説的な俳優をモデルにして、アレクサンドル・デュマの劇作『キーン、狂気と天才』

（一八三六）が書かれています。これをもとに、哲学者のジャン＝ポール・サルトルが翻案劇（一九五三）を書いていることからも、キーンの演技と人生が題材としてとても魅力的であったことがわかります。サルトルの戯曲のほとんどは、とても観念的で思弁的なものですが、この作品はやや冗漫なデュマのテクストをコンパクトにし、エンターテイメント性の高いものとなっています。

『狂気と天才』が興味深いのは、主人公の「キーン」をとおして、演劇を取り巻く諸事情の変化が垣間見えるからです。破天荒な「キーン」は自らの魅力を振りまきながら、女性たちを魅了していきます。その中で「キーン」はふたりの女性と恋に落ちます。ひとりはデンマークの大使夫人エレナ。もうひとりは裕福なチーズ商人の娘アンナ。「キーン」が特権階級と市民階級の女を同時に相手にすることは、イギリス特有の階級が揺らいできていることの証左でもあります。

また「キーン」は現実のなかで演技をし、戯曲の言葉で女性を口説きます。「キーン」の傍若無人な振る舞いが劇場と社交界に引き起こすカオスは、現実と虚構の境界を曖昧にします。階級の流動性と現実／虚構の曖昧さが混然一体となりながら、戯曲は展開していきます。

この作品は、劇場支配人、プロンプターなど演劇関係者を登場させますが、やはり演出家は存在しません。台本を俳優が朗誦することができれば上演は実現するのです。

**アミィ**　おやおや、また「ハムレット」！　死んだ作家って、困るわね。新しい芝居を書いてくれないんですもの。

**エレナ**　新しい役者が芝居をすれば、そのたびに新しくなるわ。(★6)

キーンの恋人エレナとその友人の会話からも、当時は俳優が演劇上演の中心にいたことがわかります。どんなに使い古された戯曲でも俳優が朗誦すれば、それは新しい作品になるのです。劇作家と俳優という二項が演劇という機構を支えていたことがわかります。

しかしこの芝居は、当時のイギリス演劇界の内幕を見せてくれるだけではありません。階級の問題にたいする、サルトルらしい批判的な洞察も提示されます。スターとはいえ、しょせんは芸人のキーンは、大使夫人エレナとの身分違いの恋をプリンス・オブ・ウェルズから咎められます。

**プリンス**　愛する女が貴族たる誇りを忘れて、きみのあとに従うとき、きみははじめて貴族階級に復讐したと思うだろう。君がエレナのうちに追い求めているもの、それはわれわれ、真の人間であるわれわれなのだ。(★7)

確かにキーンには階級コンプレックスがあり、そのためにエレナに固執するようなところはあります。プリンス・オブ・ウェルズのこの言葉は、そのようなキーンのコンプレックスを突きます。普段はセレブ同士、親しくキーンと接するプリンス・オブ・ウェルズですが、このような際に陰険な階級意識が露呈します。貴族こそ「真の人間」という言い方は、自分とキーンのあいだにある見えない壁を顕在化させます。

このような目に見えない圧力に抵抗するように、キーンは嘘も方便とばかりに周囲を翻弄し、大混乱を巻き起こしていきます。実生活で演技をし、舞台で本音を吐くような倒錯は、本当と嘘の境を曖昧にしてしまいます。しかし、ここで曖昧になったのは現実と虚構の境界だけではありませんでした。終盤近く、キーンはエレナに次のようにいいます。

**キーン**　プリンス・オブ・ウェルズ、それはわたしだからです。そう云えば、われわれは三人とも犠牲者だ。あなたはごくふつうの家に生まれ、プリンスは生まれがよすぎ、わたしは生まれが悪すぎる。その結果、あなたは他人の目によって自分の美を享楽し、わたしは他人の拍手喝采のなかに自分の天才を発見する。プリンス、あれは花だ。彼は自分がプリンスだと感じるためには、人が匂いをかいでくれる必要がある。美、王位、天才、それはただ一つの、同じ蜃気楼なのだ。あなたのおっしゃったとおり、われわれはたんなる反射にすぎない。(★8)

演劇が、現実と虚構の境界を曖昧にすることを踏まえたこの台詞はまた、階級社会が徐々に崩れゆく時代を予見させるものでもあります。俳優の才能があるから尊敬されるのではありません。また貴族が偉いから敬われるのではありません。俳優の名誉が観客の拍手によって作られるように、王侯貴族の栄誉は市民が尊敬することによって作られるのです。だからこそ、キーンは自分の栄光を単なる「蜃気楼」といい、自分の才能も民意の「反射」に過ぎないと断じ、プリンス・オブ・ウェルズも同じだというのです。階級などによって規定される身分制度など蜃気楼のようなものに過ぎないと知ったから、すべての身分——王子のそれも含めて——は役を演じることと変わりはないと、キーンは悟るのです。

ここに大きな権力移動が示唆されています。サルトルは明らかに、一八世紀から一九世紀にかけてヨーロッパ諸国に広まっていく国民主権という考え方を反映させています。それがもたらす階級意識の変化を、現実／虚構という演劇的なタームで物語ってみせる点に『狂気と天才――キーン』のユニークなところがあるわけです。もちろんこれは創作でありフィクションです。しかしデュマが描き、サルトルが引き継いだ周到な調査は、一九世紀のイギリス階級社会と演劇の関係を鮮やかに映し出しており、ここで参照するに値するテクストです。

## 劇場の大衆化

『狂気と天才――キーン』は、「キーン」が商人の娘アンナとアメリカに出奔するところで終わります。この結末は階級社会の崩壊を示唆します。現実社会において、ブルジョア市民が力を得て、政治的社会的発言権を強めていきました。それに伴い、劇場の観客層も変化していきます。貴族などの特権階級のエンターテイメントであった演劇がより多くのひとたちの娯楽となっていきます。それにはいくつかの理由が考えられます。

ひとつは労働時間の短縮です。一九世紀以前、ロンドンの労働者の労働環境は劣悪なことで知られています。一日一六時間以上働かざるをえないような労働者がたくさんいました。ヴィクトリア朝に書かれた小説、たとえばチャールズ・ディケンズの『オリバー・ツイスト』（一八三八）などに、その様子はとてもリアルに描かれています。一八世紀半ばから一九世紀にかけて起こった工場制機械工業の導入による産業革命と、また教区徒弟の保護を目的にした工場法の制定により、その環境は徐々に改善に向かいます。労働効率が上がり、労働時間が少なくなることは、それまでなかったような余暇が生まれることを意味します。余暇を得た労働者が劇場に足を運ぶようになったのです。

一八七〇年に成立した教育法がもうひとつの理由です。この教育法で八歳から一三歳までの義務教育が実施されます。一九世紀前半までは、教育は上流階級の独占物で、労働者等の大衆には教育など必要はないと考えられていました。一八四三年の数字ですが、男子の三二％、女子の四九％が自分の名前が書けなかったといわれています。そして一九〇三年、「労働者のための高等教育推進協会」がロンドンに設立されます。一九世紀後半から二〇世紀にかけて、多くの労働者が教育の権利を獲得していくのです。

それまで自分の名前も書けなかったような人たちが識字能力を高めていく。そのような人たちが余暇に劇場に行き、新たな喜びを見出していく姿を想像するのはそれほど難しいことではありません。演劇が一部の王侯貴族のための文化から、一般大衆の娯楽へとなるのです。一九世紀は劇場が大衆化する時代です。産業革命、国民国家の成立を経たそれぞれの国家において、演劇のあり方も変わるわけです。それまで特権的な階級にのみ享受されてきた演劇がよりひろく楽しまれるようになります。

このような劇場の大衆化を象徴する出来事を確認しておきましょう。一八七五年、公共娯楽法が成立します。それまで演劇は夜の文化に属し、昼間に上演が行なわれることは禁止されていましたが、これは一七時以前の興行を可能にする法律です。ここでいわゆる「マチネ公演（昼公演）」が始まります。それは、母であり妻である女性たちを劇場へ招くことでもありました。家庭の主婦が、日が暮れてから外出することが困難な時代に、マチネは観劇のチャンスを与えたのです。そのような女性たちが夢中になった俳優は「マチネ・アイドル」と呼ばれました。これは極めて象徴的な出来事です。というのも、一般女性が西洋の歴史の中でおそらく初めて消費の主体として登場したからです。「俳優の時代」はこれら女性消費者によって支えられてきたのです。また、劇場に行くということは女性たちに、観劇以外の喜びを提供したことを付け加えてもいいでしょう。そこにいくために歩く街の風景を楽しみ、おしゃれな店での買い物に心躍らせたことは容易に想像がつきます。

このまま演劇が大衆化するかというと話はそう簡単ではありません。ロラン・バルトが「フランスでは、民衆はあまり劇場に行かない」(★9)ことを嘆いたのは一九五〇年代半ばです。その原因は、市民の余暇の有無だけでなく、チケットの高さにもあります。多くの俳優、スタッフをある程度の期間拘束する必要がある演劇は、映画などに比べ製作費が多くかかり、それをチケットの売り上げで回収しなければならないのです。バルトは国家の補助による解決を訴えます。そして実際、助成金は二〇世紀後半の演劇の大きな収入源になります。

しかし、真に演劇が大衆化するためは、余暇の有無や公的助成だけではなく、観客の態度そのものの変化が必要でした。具体的にいえば、演技ではなく、作品そのものを鑑賞する態度を養わなければなりませんでした。舞台上の俳優ではなく、上演されている作品を身近に感じるための工夫が必要だったのです。それは戯曲の書き方の変化であるとともに、演劇システムの変化でもありました。次章以降ではこの問題に焦点を当てていきます。

現実のエドマンド・キーンが亡くなったのは一八三三年。必ずしも幸せな晩年ではなかったようです。サルトルが華々しく描いたアメリカへの旅立ちもそれほど格好のいいものではありませんでした。生来の破天荒な性格と浪費癖がもたらした金銭的困窮だけでなく、自らの才能が正当に評価されていないことにたいする不満も彼の晩年の不幸を手伝いました。キーンが生きたのは、前述した様々な法律が施行される前です。つまり演劇が特権階級のものから大衆のものへと変化する前であり、俳優に期待される仕事が朗誦から演技へと移り変わる過度期だったといえます。デュマとサルトルの描くキーンの苦悩は、自らの才能を貴族たちのために消費しなければならないことでした。キーンがもっと遅れて生まれてきたならば、もう少し幸せな俳優人生をおくれたかもしれません。少なくとも、おれの演技は貴族の娯楽、と嘆くことはなかったでしょう。しかし、デュマとサルトルを魅了した彼の才能は、貴族社会という背景があったからこそ輝いていたのです。

# 第二章　チェーホフのメタファー

## 自然主義演劇の革命

では一九世紀後半、演劇においてなにが起こっていたのでしょうか。ここでは自然主義の登場という観点から考えていきましょう。それは、芸術をただ「美」を追求するだけでなく、「真実」を提示するものと考えた芸術家たちの運動です。ダーウィンの進化論に影響をうけ、遺伝と環境があらゆる人間の行動の根幹にあり、芸術、特に文学はそのことを描くべきだと考えた自然主義作家は、ロマン主義的・精神的なものの価値を捨て、社会のより醜悪な部分に目をむけることになりました。

その演劇における適用に関して、エミール・ゾラが「演劇における自然主義」というエッセイを書いています。ここで彼は「自然」を理念や美というものと対比しています。理念的な人間ではなく、赤裸々な、ありのままの人間を描くことを唱えるこのエッセイでは、「分析」、「診断」などの医学、科学用語が多用されます。それは、理念や理想を排し、客観的なものの見方を得たいというゾラの欲求の表れです。「人間はもはや知的な抽象物ではなく、自然がこれを決定し補うものとなる」(★1)という言葉に彼の考えが端的に表れています。自然主義演劇は、演劇を慣習的なパターンから解放することを目指します。ゾラが「アリストテレスもボワローも脇に置こう」[★2]というとき、三一致の法則や起承転結のような作劇術の代わりに、新しい物語の形式が必要だといっているのです。

ビクトル・ユゴーの『エルナニ』のコメディ・フランセーズでの上演は、擬古典派に対するロマン派の宣戦布告と目され、騒動の結果、後者の勝利を導きます。なぜこのような騒動になったかというと、三一致の法則に支配されない『エルナニ』が、フランス演劇の殿堂といってもいいコメディ・フランセーズで上演されたからです。これは一八三〇年、つまり七月革命の年のことでした。王政復古で復活したブルボン朝が倒され、ブルジョア政権が作られた年でした。つまり擬古典派とロマン派の戦いは、王政とブルジョア政権の代理戦争でもあったわけです。

自然主義演劇はこのようなロマン派演劇の革命を引き継ぐものでした。それは三一致の法則だけでなく、作劇上の様々な約束事を反故にするものでした。ゾラは自然主義小説の重要のポイントを「道徳上の没個性」[★3]だと指摘し、演劇もそれを見倣うべきだと主張します。善悪の二元論にとらわれない複雑な人間の心理を描くことを奨励するわけですが、それとともに、それまで高位の貴族や軍人などの特権階級の人々のみが主人公であった慣習を批判し、市井の人々を中心に据えた演劇を提唱します。

### チェーホフの〝普通のひと〟

このようなゾラの提言に導かれるようにして、演劇で様々な冒険がなされるようになります。国境を越えて演劇の革命が起こります。一八九〇年代から一九〇〇年代の初めにかけて、近代演劇史において忘れられない作品を残したのはアントン・チェーホフです。彼が描いたのは一九世紀末のロシアです。それはロシア帝国が最大限に膨張した時期ですが、同時にそのほころびも目立ち始めた時期です。農奴解放令(一八六一)に始まる改革、近代化は市民のガス抜きを意図したものでしたが、その効き目は曖昧なものでした。結局、帝国はロシア革命(一九一七)で倒されてしまいます。

チェーホフの作品に描かれるのは、このような大きな流れに棹さすこともできず、ただ翻弄される人々です。そこには、人生は人間の力によって左右される代物ではないという諦念があります。人間は環境や社会などに左右される生き物であり、自ら道を切り開くことなど出来ないという諦めがあります。チェーホフが描くのは、登場人物の戸惑いと無力さです。

そのチェーホフの代表作のひとつが『かもめ』(一八九六)です。本書の文脈とはちょっと外れるかもしれませんが、このなかで面白い場面があります。コンスタンチン・トレープレフという若い作家とニーナという女優志望の女の子の二人だけで、舞台上でやりとりする場面があるのです。

**ニーナ**　あの人の小説、素晴らしいわ!

**トレープレフ**　(冷やかに)知らないな、読んでないから。

**ニーナ**　あなたの戯曲、なんだかやりにくいわ。生きた人間がいないんだもの。

**トレープレフ**　生きた人間か! 人生を描くには、あるがままでもいけない、かくあるべき姿でもいけない。自由な空想にあらわれる形でなくちゃ。

**ニーナ**　あなたの戯曲は、動きが少なくて、読むだけなんですもの。戯曲というものは、やっぱり恋愛がなくちゃいけないと、あたしは思うわ……(★4)

ニーナが求めているのは、恋愛を主眼とした、通俗的でウェルメイドの演劇です。彼女は「生きた人間」といいますが、それはロマン主義的な、理念化された人間像です。それにたいして、トレープレフは「あるがままでもいけない、かくあるべき姿でもいけない。自由な空想にあらわれる形」といいますが、それは理念化されたロマン主義的人間観を拒否するとともに、自然主義的なリアリズムにたいしても微妙に距離をおくものです。そしてそれはチェーホフ自身の考えをも反映しているかもしれません。

さてニーナのいう「あの人」とは「トリゴーリン」という通俗作家のことです。彼はトレープレフの母親である大女優イリーナの愛人でもあります。このトリゴーリンはイリーナだけでなく、ニーナをも誘惑し、ひどい振り方をします。彼はトレープレフから母親だけでなく、恋人をも奪ってしまうわけです。すべてを享受する前世代と、そのつけを払わされる若い世代の闘争としてこの作品を読むことも可能なのですが、最終幕の第四幕、それを覆すような展開があります。すでにニーナはモスクワで女優になるといってトレープレフのもとを去っています。そのニーナが、作家として成功したトレープレフのもとに戻ってくるのです。彼女は女優として成功したわけではありません。またトリゴーリンに捨てられたことを吹っ切っているわけでもありません。それどころかまだトリゴーリンのことが好きだといいます。

ニーナは男に騙され、運命に翻弄される「馬鹿な女」です。しかしこの第四幕で彼女に焦点が当てられ、突如彼女がこの芝居の最重要人物であることを観客は知るのです。「わたしは――かもめ。

……いいえ、そうじゃない。わたしは――女優。そ、そうよ！」[★5]。トリゴーリンはかもめを撃ち落とし、剥製にするように頼んでおきながら、それを忘れてしまう。この芝居において「かもめ」はかいなき犠牲の象徴です。その「かもめ」にニーナは自らをなぞらえる。彼女は平凡で愚かな人物です。しかしそれに彼女自身気づいています。そしてその愚かさを引き受けて生きていこうとします。『かもめ』はトレープレフの自殺で幕を閉じます。彼が自殺をする理由ははっきりしませんが、おそらくは作家として成功してもニーナを救えなかった無力感が原因だと推測できます。社会的に認められなくとも生きていくことを選択するニーナと、社会的に成功しながらも死を選択するトレープレフ。社会的な成功は必ずしも幸せに結びつかないし、不幸を耐え忍んだとしても幸せになれるかどうかわかりません。そのような不条理が『かもめ』のテーマといえるかもしれません。

演劇において悲劇とは英雄の特権でした。ギリシャ悲劇でもシェイクスピアの悲劇でもそれを担うことができるのは、君主や貴族、将軍など、特権的な身分にある者でした。平民や大衆はあくまでも喜劇の担い手でした。ところが、それが最も崇高な演劇の形式と呼ばれる悲劇の主人公として描かれる。チェーホフの芝居では、ある種の愚鈍さ、平凡さを肩に担い、懸命に健気に生きていこうとする人々に悲劇の栄冠は輝きます。彼の描く登場人物は一様に忍耐強い。ほとんどのものは耐え忍ぶだけで、成功するものはその一部に過ぎない。しかもそれは必ずしも幸せには結び付かない。そこにはなんの栄光もない。このような平凡さと栄光なき成功は、社会の中心になりつつあった市民階級の憂鬱を映し出しているようです。

## メタファーの演劇

演劇とは因果性を観客に見せる芸術といえます。原因があり、その結果が生み出される。ある意図があり、そこに責任が生じる。そのような因果性を背負うことによって、悲劇の主人公は英雄としての責任を果たすことになるわけです。『オイディプス王』のオイディプスは、テーバイを汚染する諸悪の原因が自分自身の存在であったことを知り、自らの目を潰します。『ハムレット』のハムレットは父の復讐を果たしますが、その際に、恋人のオフィーリアを含め、多くの者を死に追いやって、最後に自分も死んでしまう。それは自らが巻き起こした様々な出来事の責任を背負うための処罰と考えていいでしょう。演劇とはそのような因果性を舞台化することだったと思います。

一方、チェーホフの芝居において事件は常に舞台の外で起こります。そしてこれは当時の俳優たちに演技上の大問題を突きつけます。舞台外の出来事は主に伝聞によって、あるいは音響効果によって、舞台に、そして観客に伝えられます。観客の前で事件を見せることができないため、俳優はそれに対する反応もできない。つまり、出来事に反応することによって現れる感情を使って、人物の気持ちや状態を説明するという演じ方ができないのです。

有名な『桜の園』(一九〇四)にも同様の仕掛けがあります。美しい「桜の園」を手放さざるをえないラネーフスカヤの一家と、それを買って別荘地を開発しようとする、かつては貧農だったロパーヒンのコントラストが鮮やかなこの戯曲で、不気味な通低音を奏でるのは、どこからか聞こえてくる大きな音です。

みんな座って、物思いに沈む。静寂。聞こえるのは、フィールスの小声のつぶやきばかり。不意にはるか遠くで、まるで天からひびいたような物音がする。それは弦の切れた音で、次第に悲しげに消えてゆく。

**ラネーフスカヤ**　なんだろう、あれは？

**ロバーヒン**　知りませんなあ。どこか遠くの鉱山で、巻揚機の綱でも切れたんでしょう。しかし、どこかよっぽど遠くですなあ。

**ガーエフ**　もしかすると、何か鳥が舞いおりたのかも知れん……蒼サギか何かが。(★6)

この音は最後にもまた聞こえてきます。一般的にはこれは、桜の園を飾る桜を切り落とす音と解釈され、商業化によって古き良きものが淘汰されていくことを示す効果音という読解がされます。しかし右の引用をよく読んでみても、そのようなことは書いてありません。それを神の怒りだとする解釈もありますが、それもまた同様に根拠がありません。なにか不吉な前兆であることは確かですが、明確な答えはないのです。しかしだからこそ様々な解釈を導き出すことが可能になるのです。

もう一度『かもめ』に戻り、トレープレフの自殺を確認するドーランの「台詞」と「ト書き」をみてみましょう。

右手の舞台うらで銃声。一同どきりとなる。

**アルカージナ**　（おびえて）なんだろう？

**ドールン**　なあに、なんでもない。きっと僕の薬カバンのなかで何か破裂したんでしょう。心配ありません。（右手のドアから退場して、半分間ほどで戻ってくる）やっぱりそうでした。エーテルの壜が破裂したんです。（口ずさむ）「われふたたび、おんみの前に、恍惚として立つ」……

**アルカージナ**　（テーブルに向ってかけながら）ふっ、びっくりした。あの時のことを、つい思い出して……（両手で顔をおおう）眼のなかが、暗くなっちゃった……

**ドールン**　（雑誌をめくりながら、トリゴーリンに）これに二カ月ほど前、ある記事が載りましてね……アメリカ通信なんですが、ちょっとあなたに伺いたいと思っていたのは、なかでもその……（トリゴーリンの胴に手をかけ、フットライトのほうへ連れてくる）……なにしろ僕は、その問題にすこぶる興味があるもので……（調子を低めて、小声で）どこかへアルカージナさんを連れて行ってください。じつは、トレープレフ君が、ピストル自殺をしたんです。(★7)……

ここでドールンを演じる俳優はとても難しい演技を要求されます。舞台裏で起こった衝撃的な事件を知っていながら、素知らぬふりをしなければならない。特に引用の初めの部分、大きな音が聞こえたあたりで、すでにドールンはトレープレフの自殺を予感しています。だからこそ誰よりも先に何が起こったか確かめるために退出します。そして真相を知ったあとも、他のものが動揺しないように、さり気なく振る舞う。そこで彼はロシアの詩人ネクラーソフの詩の一節を口ずさみます。「われふたたび、おんみの前に、恍惚として立つ」。これは前にもドールンが口ずさんだ言葉で、彼の口癖のようなものと理解していいのだと思いますが、ここに彼の本音がふと漏れる。驚き悲しむとともに、それを明確に表現できない苦しみがこのつぶやきに現れる。それは、トレープレフが自殺をする前からすでに、悲劇の予兆として観客の耳に届いていたのです。

最後に『三人姉妹』(一九〇一)をみてみましょう。この芝居におけるクライマックスは、トゥーゼンバフとソリューヌイの決闘ですが、これもまた舞台の外で起こります。そしてその結果が舞台上にいる三人の姉妹(オーリガ、マーシャ、イリーナ)に伝えられるのは伝聞によってです。しかし決闘は前から予感されていています。そして舞台外で起こる決闘の銃の音は、三人の姉妹にも聞こえてくる。つまり決闘という事実とそれがもたらす悲劇は、ゆっくりと舞台空間に浸透します。

直接舞台上で出来事を示さないチェーホフのレトリックを、「メタファー」的といえるかもしれません。メタファーとはあるものを別のものを用いて示すことです。舞台外の出来事を伝える、仄めかしと隠語に満ちたチェーホフの言葉は、メタファー的です。そのような登場人物を演じる俳優の演技もメタファー的とならざるをえません。それは、因果性をはっきりと示すような演劇とは一線を画すものです。理念を排し、赤裸々な人間を描くことを旨とした自然主義が、演劇においてはこのような繊細なレトリックを用いるようになったことはとても興味深い現象です。赤裸々に描くことは、むしろ描き切れぬ問題をいかに伝えるかというテクニックを発達させたのかもしれません。

『三人姉妹』では決闘の銃声が遠くで聞こえたあと、軍隊のマーチの音とともに幕が下ります。トゥーゼンバフとソリューヌイの決闘は前近代的な、貴族的な「落とし前」のつけ方です。それは名誉とプライドをかけた、男と男の戦いです。一方、マーチは近代的な、マスとしての兵力、国と国の戦いを予感させます。貴族的な個と個の決闘から、武力の国家的統合としての軍隊への移行がここに示されています。

ここで対比されるのは、近代的な国家編成のあり方と、それに取り残される女たちです。舞台の外では男たちの物語がつづられていきます。決闘から軍隊へとその男性的な力が編成され、国家が近代化していくことが示唆されますが、それはすべて舞台外で起こります。舞台上には、そのような近代化という変化の中心から排除され、大きな波に翻弄され、それを耐え忍ぶしかない女たちがいます。ギリシャ悲劇からシェイクスピアの悲劇、そしてそのあとも演劇は伝統的に、共同体の命運を左右するような大きな事件を描いてきました。しかしチェーホフに代表される自然主義演劇以降、大きな物語を動かす人々ではなく、それに翻弄されるちっぽけな人間を題材にするようになります。演劇は弱きもの、貧しいものの視点に寄り添うようになるのです。

# 第二章　スタニスラフスキーと心理の創造

## 演出家スタニスラフスキー

チェーホフは決定的な行為、出来事を舞台から隠します。登場人物は事件から切り離されている。それを直接みることはできない。彼ら、彼女らの多くはその余波、残響を聞くことしかできない。このような場合、俳優の演技はただ語り、感情を表現するだけではなく、観客に想像と類推を促すものでなければなりません。さて、このような戯曲は朗唱するだけで演劇となりえるのでしょうか。シェイクスピアの作品は破天荒ながらも起承転結があり、話の頂点があり、オチがあります。このようなテクストは名優が朗唱するだけで上演可能かもしれません。しかし自然主義の戯曲、断片的で示唆的な戯曲は朗誦のみで上演不可能です。

アンドレ・アントワーヌは自由劇場という私立劇団を設立します。そのマニフェスト「自由劇場」（一八九〇）で、「俳優においては、職人芸《メティエ》は芸術の敵である」(★1)といいます。なぜ職人芸がいけないのでしょうか。それが俳優の「情動を抑制」し、「あらゆる気質を平準化」してしまうからです。アントワーヌ自身の言葉でいうならばそれは「朗誦」の技術です。ここでアントワーヌは、演技を技術ではなく俳優の個性として考えています。アントワーヌの主張と、チェーホフのような劇作家の登場がほぼ同じ時期であるのは意味があることです。

チェーホフの『かもめ』の初演は一八九六年秋にサンクトペテルブルクのアレクサンドリンスキイ劇場で行なわれましたが、この上演は観客に酷評され、早々にうちきりとなり、まれにみる失敗に終りました。その原因は、当時の演劇界の風潮や、この作品を理解できなかった俳優にあるともいわれています。モスクワ芸術座の俳優たちはチェーホフの『かもめ』を、「これは戯曲ではない単なる粗筋だ」といって理解できなかったといいます。先にも述べたとおり、チェーホフの芝居はメタファー的です。登場人物は思ったことをすべて言葉にするわけではありません。また言葉にしたとしても、それが行動と矛盾する場合があります。チェーホフの登場人物は、心理と行為のあいだに不連続があるのです。モスクワ芸術座の俳優たちが難じたのは、そのような「行間」と「空白」だったのだと想定されます。このような「行間」と「空白」を埋めるためには「職人芸」以上のなにかが必要となったはずです。

チェーホフの『かもめ』が一八九八年にモスクワ芸術座によって再演されたとき、初演時とは打って変わって大喝采を浴びることになります。このとき、トリゴーリンを演じたのはコンスタンティン・スタニスラフスキーでした。彼は事前にテクストを分析し、綿密なノートをもってリハーサルに臨み、上演全体を統括する役割を担いました。

これは演劇史上、画期的な出来事として記憶されるべきことです。「演出家」の役割が上演の成功に大きく貢献したことが認められたからです。テクストが俳優によって演じられるまでに、解釈が介入することが受け入れられたのです。リハーサルでは、台詞をただ朗唱するだけでなく、そこに言外の意味を見出す過程が重要なものとなりました。そのような隠れた意味を見出すための役割として、あるいは各俳優たちが言外の意味を見出す作業の取りまとめ役として、「演出家」の仕事が上演に欠かせぬものとなったのです。

コンスタンティン・スタニスラフスキーはロシア生まれです。一八九八年にモスクワ芸術座を設立し、初の体系的な演技の方法論を編み上げます。それは「スタニスラフスキー・システム」と呼ばれていますが、具体的にはいくつかの実践によって積み上げられていくものです。

スタニスラフスキー・システムは、ロシア国内はもとより、海外でも広く活用されていきます。アメリカでは、スタニスラフスキーのもとで学んだリチャード・ボレスラフスキーとマリヤ・ウスペンスカヤが、アメリカに亡命し、アメリカ実験室劇場(American Laboratory Theater)を一九二三年に作ります。その活動期間は一〇年で終わってしまいますが、その志はグループ・シアター(一九三一)、アクターズ・スタジオ(一九四七)に引き継がれていきます。

アメリカ実験室劇場でシステムに触れたリー・ストラスバーグは、それを「メソッド演技法」として発展させていきます。それは登場人物の内面に注目し、そこで沸き起こる感情を想像し、自ら追体験することで、より自然な演技を目指すものです。テクストの表面に現れない登場人物の心を読み取ろうとする点で、スタニスラフスキーの教えの延長線上にあるといっていいでしょう。ジェームス・ディーンからダスティン・ホフマンまでアメリカで活躍する映画俳優、舞台俳優のほとんどがメソッド演技法の薫陶を受けているといっても過言ではありません。

ひとつ面白いエピソードがあります。『マラソンマン』(一九七六)という映画でダスティン・ホフマンは、イギリスの名優ローレンス・オリヴィエと共演します。ホフマンの役は、ある疑惑に巻き込まれ、ナチの残党に拷問されるというものです。拷問に疲弊する役に成り切るためにホフマンは、大幅に体重を落とし、何日も徹夜をして撮影に臨んだといわれています。そのような状態をみたオリヴィエは、「演技してみようぜ」と揶揄したという伝説があります。正確にどのような会話が交わされたかはわかりませんが、似たようなやり取りがあったことは確かなようです。「メソッド演技法」が深く浸透したアメリカ演劇界と、その影響をほとんど受けなかったイギリス演劇界の違いを示すエピソードです。

あとで論じるように、スタニスラフスキーの方法は誤解を受けやすいものでした。「メソッド演技法」がその忠実な再現であったわけではありません。ステラ・アドラーはグループ・シアターに在籍し、その主要メンバーでしたが、ストラスバーグと決裂し、脱退します。決裂の理由は感情移入を演技の拠り所とするストラスバーグのやり方を拒絶したからだといわれています。彼女は、台本をきちんと読むこと、他人を観察、研究すること、必要な情報を得ることを演技の基礎としました。「作品に登場する人物に視点を置き、分析をするべき」[★2]ことを持論とするアドラーの演技指導のキーワードは「アクション」と「イマジネーション」です。彼女は「スタニスラフスキイ先生から直接教えを受けた」[★3]ことを誇りますが、方法は俳優各自が見出すものであり、一般化しえぬものと考えました。

スタニスラフスキー・システムは日本でも広く受容され、大きな影響力を誇りました。滝沢修という伝説的な名優がいます。一九二五年に築地小劇場に入り小山内薫の指導を受け、また戦後の一九五〇年には劇団民藝を結成し、宇野重吉とともに同劇団代表として活躍した「新劇の神様」です。彼にとって一番の当たり役は三好十郎作『炎の人』(一九五一)のゴッホの役です。狂気へと陥るゴッホを演じるにあたって滝沢は、大幅な減量をしただけでなく、オランダから南仏までゴッホの足跡を追い、ゴッホの使ったトイレまで確認したという伝説が残っています。あるいはレーニンの役を演じるときにはレーニンの著作全集を読破し、レーニンの写真とにらめっこしながら伝記を熟読したというエピソードが伝えられています。(★4) 滝沢にとって「演じる」とはゴッホになること、レーニンになることでした。いわば役を憑依させるタイプの演技でした。彼はあるインタヴューで「俳優の仕事は、結局自分自身の豊かさに尽きる」といっています。これはとても意味深い言葉です。演技に先立つものとして、役柄の内面を解釈する主体(俳優)の経験と心が重要になってくると滝沢は言っているのです。役柄の内面を照らし出すことができるのは、演じるものの内面の豊かさだということです。

スタニスラフスキーの方法は、日本では一九六〇年代、いわゆるアングラ演劇時代以降、精神主義として批判されます。そしてそれは今も続いているといって良いでしょう。しかし大戦によって困窮化する生活と、治安維持法に代表される厳しい思想弾圧によって自由が狭められるなか(滝沢修は治安維持法で捕まったことがあります)、演劇関係者が内面の自由を守ろうとしたこと、そしてその思いがスタニスラフスキーへとつながったことは十分に理解しなければならないでしょう。

## もうひとつの現実

スタニスラフスキーの試みを解説するまえに、舞台空間の役割も大きく変わったことを確認しておきましょう。それまで、演技のための最低限の空間と物語の再現を補助するものでしかなかった舞台が、俳優が役柄を理解し、人物を造形していく場所になっていきます。リハーサルからゲネプロを経て上演に向かうなかで、それは俳優にとって特別な場所になっていきます。そもそも舞台装置とは観客を欺くため、「偽物ではないか?」という疑いを停止する手助けをするためのものでした。戦場の場面なら荒野と騎兵隊の書割(建物や風景などの背景を描いたもの)が、また寝室の場面ならベッドとバルコニーが書割に描かれていたでしょう。それが観客の目を騙すことはないかもしれませんが、観客がとりあえず疑いを停止するお約束であったことは間違いありません。このような舞台空間の機能が大きく転換したのが一九世紀の終わりから二〇世紀の初めにかけてです。

アンドレ・アントワーヌは「演出についてのおしゃべり」と題された講演会の記録で次のようにいいます。

そこでまず、舞台装置つまり環境を、注意深く、そしてそこで起きる出来事には全く考慮せずに作りあげることが有益であり、不可欠であるということに気づきました。というのは、環境が登場人物の動きを決定するのであって、登場人物の動きが環境を決定するのではないのです。

〔中略〕

はじめに空っぽの舞台で、裸舞台で、装置を建てる前に俳優の配置を決める、という困った習慣があるために、いつでも四つか五つの古典的な「配置」に落ち着くのです。劇場支配人の趣味や装置家の才能に応じて装飾の度合いは変わりますが、いつでも完全に同じものです。

装置を独創的で巧妙で特色のあるものにするためには、風景でも室内でも、実際に見たことがあるものに基づいて、装置を先に決めてしまわなければならなかったのです。それが室内であれば、四面とも、四つの壁がある形で決め、あとでどの壁を消して観客の視線が通り抜けられるようにするかということは考えないのです。

それから、建築上の真実らしさを考慮しながら出入り口を自然な場所に配置し、この装置の外側にある部屋や、出入り口の先にある玄関を正確に示し、図面を引かなければなりません。そして、ドアのすき間から一部しか見えないことになるこれらの部屋に、図面上で家具を配置していかなければなりません。一言でいえば、筋が展開する場所の周囲に、一軒まるごと家を建ててしまわなければならないのです。(★5)

自然主義の影響下から出発したアントワーヌらしい、かなり極端な主張ですが、近代的演出術がリアルな舞台装置をも要求した典型的な例でもあります。「筋が展開する場所の周囲に、一軒まるごと家を建ててしま」うくらい「建築上の真実らしさを考慮」することは、観客に舞台であることを忘れさせるというよりは、そこで演技をする俳優自身に演技していることを忘れさせることに貢献します。

このことは引用冒頭で使われる「環境」という言葉に象徴されています。それはおもに俳優に提供される環境です。一九世紀までは舞台は主に観客が芝居をみるための背景に過ぎませんでした。しかし自然主義以降、まずなによりも舞台装置が整えられ、それを条件として演技が決定されるようなプロセスが生まれたのです。つまり舞台は演技と演劇の根本条件となってきたのです。社会があって人間が生きられるように、舞台装置という「環境」があって登場人物が造形できるわけです。舞台は現実を写す鏡となるだけでなく、そこで俳優が生きることのできるような、もうひとつの現実になっていくのです。

ここで滝沢修がゴッホのトイレを確かめに南仏までいったというエピソードを思い出してください。それは直接舞台設計には関係ありませんが、広い意味での「環境」設定と理解することは可能です。それはゴッホを演じるための現実を構築するひとつのピースだったのです。

## 「心理」の創造

しかし、演技することと、その役柄に成り切ってしまうことは明確に区別しなければなりません。「メソッド」にたいするアドラーの反発は、スタニスラフスキーの考えが、誤読を生みやすいものであったことに起因します。滝沢がゴッホを演じるにあたって、その遺品を確認し、その思いを追体験しようとしたことは、スタニスラフスキーに忠実であったとはいえないのです。そこでスタニスラフスキーの構想をしっかりと考察する必要があります。

スタニスラフスキー・システムはいくつかの演技法を体系化したものですが、ここでは「サブテクスト」という考えに注目をしてみましょう。戯曲を「テクスト」とすると、「サブテクスト」は、テクストには表面化しないものの、物語を支えていると想定される基礎情報です。俳優はそれを自らの経験と想像力で掘り起こさなければなりません。チェーホフの『かもめ』にはトリゴーリンという男性が出てきます。主人公トレープレフの母親の愛人であり、またトレープレフが片思いをし続けるニーナを虜にし、破滅させる、遊び上手な作家ということはテクストを読めばわかります。しかし、彼がなぜそのようなニヒルな性格となったか、あるいは彼のどのようなところに女性たちが惹かれるのかはよくわかりません。サブテクストを探り出すことは、このような「なぜ、どうして」に答えを与えることでもあります。その役の年齢、職業だけでなく、家族構成とか、友人関係とか、思想とか、性格とか、そのようなデータを「でっちあげ」ることです。そのような表面下の情報は、物語には直接影響を与えないかもしれませんが、人物造型には大いに役立ちます。

スタニスラフスキー・システムには「スルーライン(through line)」という概念もありますが、これはサブテクストを別の角度からとらえなおしたものと考えられます。俳優たちは自分たちの演じる登場人物の様々な台詞と行為に、一貫した論理を見つけ出すことが要請されます。演劇は他の物語形式の芸術と同様に、ストーリーに沿って展開しますが、「スルーライン」はストーリーから独立したものとして、登場人物の、一貫した心理をつくりだすことを指します。あえてストーリーを無視することで、リアルな心理をつくり出そうとしたのです。サブテクストとともにスルーラインは、戯曲を多面的に考えるための方法です。そしてそれは、演劇が物語重視から登場人物(キャラクター)重視に移行する契機を作り出すのですが、この件に関しては第六章以降で詳しく論じましょう。

スタニスラフスキーの教えは具体的にはどのようなものだったのでしょうか。アレクサンドル・プーシキン原作の『モーツァルトとサリエリ』(一八三〇)を題材にして、サリエリ役を演じる俳優に、スタニスラフスキーは次のようなアドバイスを与えています。

実践。役の生活の創造にいかに取り組むべきか。

サリエリ役を演じる俳優は、作者によって与えられ舞台上から示すことになる創造すべき人物の生活の断片だけでなく、役の個々の台詞が暗示するにすぎない人物の、舞台には現れないそれ以前の生活のすべてをも創造することができなければならない。

そして、俳優は、サリエリ役を演じるずっとまえに、描くべき人物の生涯のほぼすべてをそのリアルな感覚や人物の思い出のディテールにおいて自分の想像のなかで創造しなければならない。俳優は、サリエリの少年時代がどこで、どのように過ごされたか、彼にはどのような両親、兄弟、姉妹、友人がいるかを知らなければならない。俳優は、幼いサリエリが初めて音楽を聴いて感動と歓喜の涙を流した聖堂を心の目で見なければならない。俳優は、この芸術との最初のふれあいが実現したとき、どのようなベンチに座っていたのか、曇りの日に太陽の光がどのように射してきたのか、どのような気分のときだったのか憶えていなければならない。

〔中略〕

俳優はみずからの感情や創造力や身体によって創造する。感情と身体は役の内的・外的形象を推し量り、想像力は登場人物の全生涯を空想のなかに描き出す、つまり役の心を形成する(形づくり、育む)しかるべき雰囲気を創造する。(★6)

スタニスラフスキーは俳優に戯曲内の情報だけでなく、それ以外の情報を求めるよう指示します。

舞台上に現れる姿だけでなく、それ以前のことも想像できるようにならなければいけないといいます。たとえばサリエリを例とすると、彼が初めて音楽を聴いて感動する場面などプーシキンの原作にはありません。しかしサリエリを演じる俳優はその時のことを思い浮かべなければならない。俳優は戯曲にある情報だけでなく、それ以外の情報を引き出し、人物造型しなければならないわけです。スタニスラフスキーによって戯曲というテクストは、ただ単に「読まれる」ものではなく、「読み解かれる」、「分析される」、「その背後にあるものを探られる」ものとなったわけです。

ところで、ここでひとつの誤解の発生を予め防ぐ必要あります。スタニスラフスキーは俳優に歴史研究をしろといっているわけではありません。真実を正確に追及して役柄を作り上げろといっているわけではないのです。サリエリなどは歴史的人物ですから、その足跡を歴史的に検証することは可能ですが、『かもめ』のトリゴーリンなどは架空の人物なのでそれは不可能です。サブテクストを探る作業は、真実を追い求めるものではなく、むしろ考え、想像する過程が重要だと思われます。テクストに表面化しない、隠れた情報を掘り起こすというプロセスを通じて、役柄を作るのです。

そのような登場人物の考えや行為に一貫性を保証するのがスルーラインです。チェーホフの登場人物の行為と発言は、物語に沿って考えるとつじつまの合わない部分が多くあります。スタニスラフスキーはそれに、登場人物という機軸を補足しようとしたのです。心とは裏腹の行ないを、矛盾する行為をしてしまう登場人物を演じる困難を克服するために、スタニスラフスキーはシステムを作り上げたといってもいいでしょう。それはある種の「心理」の創作といってもいいかと思います。その人物とはどのような人物であったか。なぜこのときはこのような態度をとり、次には別の態度をとるのか。

このような問題を、ストーリーとは別の角度から合理的に説明するために、「心理」を創作する観点が取られたのです。この観点は様々な矛盾する言葉と行為を統合するための中心です。テクストの表面だけでなく、潜在的な意味を抽出するポイントです。そこに立つことによって初めて矛盾した言葉と行為に合理的な説明を加えることができる地点です。

複数の登場人物がこのような探求をする際の調整役として、演出家の仕事は大きなものとなっていきます。前の説明からもわかる通り、ストーリーはひとつですが、スルーラインは複数存在します。それぞれの俳優の心理の探求をひとつの方向に導くためのナビゲート的役割として、演出の仕事が専門化されたのです。スタニスラフスキーはチェーホフの『かもめ』をきっかけに、徐々に俳優業から足を洗い、演出家の役割に専念していくようになります。演出において他の俳優たちの作業を俯瞰するポジションが必要となったのでしょう。

一九世紀の終わりまで演技は主に身体に関わる言葉で説明されてきました。その技術は朗誦とそれに付随する身振りに終始していました。スタニスラフスキーの革新は「心理」を発見し、そこから戯曲を解釈する視点を獲得したことにあります。これが拡大解釈され、システムは感情移入の方法として、登場人物に成り切ることとして誤解されてしまったのです。しかし、スタニスラフスキーの教えの根幹はあくまでも戯曲を解釈すること、そしてそこから人物造型することです。したがって既存の、できあがったイメージに自分を近づけるような感情移入の方法と、スタニスラフスキー・システムは区別されなければなりません。

演出家の誕生は、俳優の仕事が「朗誦」から「解釈」へと移り変わる過程とともにあることがわかります。俳優は「心理」という機軸から登場人物を理解していったのです。それは戯曲の読み方を変えることでもありました。このような変化が一九世紀の終わりから二〇世紀にかけて起こったことは偶然ではありません。一部の特権階級が実権を握るような国家体制から国民主権へと、ヨーロッパの大部分の国が変化していった時期です。このような時期に劇場と演劇が果たすべき役割も変化していきます。一九世紀後半に教育や生活改善のための様々な法律が制定され、それが劇場の大衆化を促したことは序章でみたとおりです。そして大衆はそれまでとは違ったかたちで演劇を楽しむようになります。スタニスラフスキーの演出方法の確立と演出家の職能の独立が、大衆社会の成立と呼応していることは見逃してはいけません。

演劇は高貴な身分の人物(その多くは男性)を主人公として描く長い歴史をもっていました。王様や貴族、将軍など、国や大きなコミュニティを代表する人物が演劇の主人公としてふさわしいと考えられてきたからです。チェーホフやイプセンらの自然主義演劇以降、そのような特権的身分にはない、市井の人を中心とする戯曲が多く書かれるようになりますが、それはとても自然な流れといえるでしょう。特別な身分にない普通のひとが、たとえば『ハムレット』をみて、その主人公の憂鬱——母の裏切りと父の復讐——に感銘を受けることは、よっぽどの仕掛けがない限り難しいことでしょう。自らの過去の過ちが国家の災厄の原因であったことを知ったオイディプス王の苦悩を身近なものと感じることもまた難しかったでしょう。この時代の観客が、チェーホフの登場人物の忍耐する姿に共鳴したのは、それが彼らにとって等身大の悩みをみせてくれるものだったからです。

俳優が登場人物を演じるために、その心理を軸にしたことは前述したとおりですが、それは演技のためだけであったわけではありません。その心理は観客の感情移入をも容易にすべく、勘案されたはずです。俳優の演技を通して、観客もまた、登場人物を身近に感じるようにならなければならなかったのです。演劇では、登場人物をとおして舞台と観客席が通じあうようになりました。プロセニアム・アーチを超えて、その距離を縮めていった両者の仲立ちを果たしたのが演出家だったのです。

# 第四章　劇場のテクノロジー

## 観客席の光景

エドガー・アラン・ポーには、『眼鏡』（一八四四）という興味深い短編があります。その全体を論じても面白いと思うのですが、ここではその冒頭の一節に着目してみましょう。

二時間の間、熱烈な音楽ファンである友人は、ひたすら舞台に注目しつづけたが、私の方は、その間、主として町のえり抜きの連中からなる観客を眺めて楽しんだ。心ゆくまで眺めた後、舞台のプリマ・ドンナに目を向けようとした瞬間、今まで気づかなかった特等席の人物に、私の眼は吸いつけられてしまった。

たとえ千年生き延びようとも、この人物を見つめた際の強烈な感動は忘れることができない。かつて目にしたもっとも美しい女性の姿であった。彼女の顔は舞台の方に向けられていたので、しばらくは見定めることができなかったが、神々しい顔立ちなのだ。（★1）

すぐにわかると思いますが、これは劇場の観客席にいる人物の視点から語られたものです。まずは観客席が「町のえり抜きの連中（very elite of the city）」によって埋め尽くされていることに注目しましょう。劇場のなかが極めて特権的な空間であることがさりげなく述べられています。そしてまた語り手の視線を奪う美女が「特等席（the private boxes）」に座っていることが述べられ、劇場内にも階級的序列があることが示唆されます。ポーがこの短編を書いた一九世紀半ばは、まだ劇場が特別な場であったことがわかります。観客席は劇場外にある階層を凝縮したかたちで再構成する場所でもあったのです。

客席の様子がユーモアを持って語られるなかで、われわれが生きる二一世紀の演劇的常識とそぐわないところがひとつあります。それは劇場の照明に関する点です。わたしたちが観劇をするとき、観客席の照明は暗くなります。しかしポーの短編では、観客席の明かりが消された形跡はありません。だからこそ語り手の視線は特等席に座る美女の姿にひきつけられるのです。『眼鏡』の物語は視線が逸れることによって始まります。舞台に向けられるべきだった視線が、観客席へと向けられる。舞台上で繰り広げられる「見世物（スペクタクル）」ではなく、鼻の上に乗っかっている「眼鏡（スペクタクル）」の映しだす光景に焦点が当てられる。近視眼的な錯視によって物語は始まるわけです。

### 誰が、何のために観客席を暗くしたのか？

ポーの語り手の視線が逸れる条件を作ったのは観客席の照明です。そこが明るかったからこそ、特等席に座る絶世の美女の存在に気がついたのです。観客席が暗転する二一世紀の劇場では、このよう

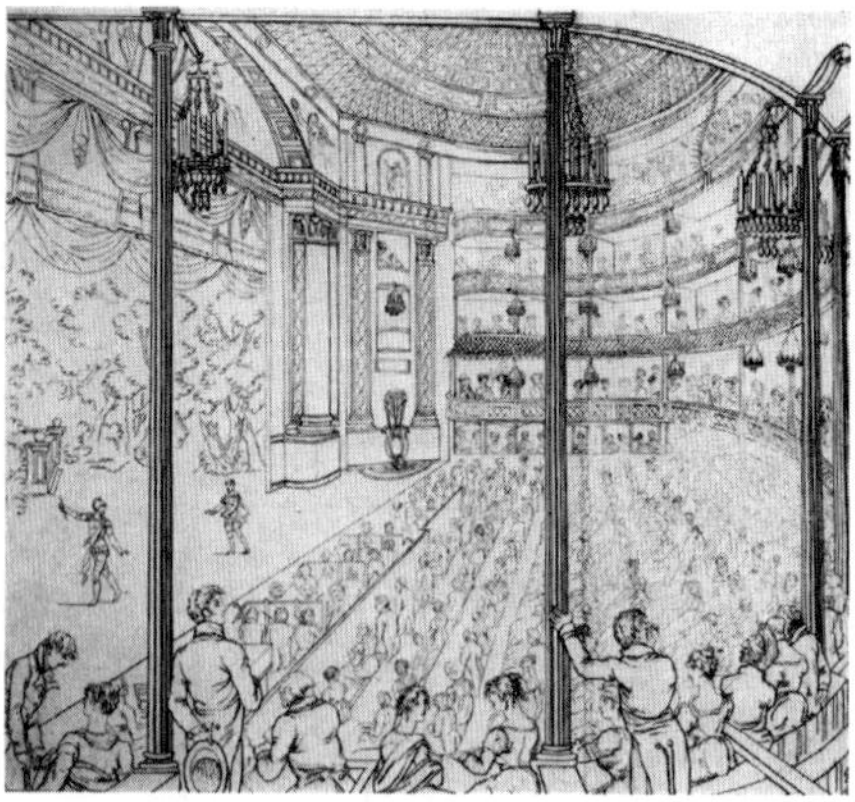

19世紀初め頃のドリュリー・レーンを描いた版画

なドラマは成立しなかったでしょう。二〇世紀初めまで上演中も観客席の照明は点けたままであったといわれています。長い演劇の歴史を考えるならば、真っ暗な空間に座る観客が舞台をみるという形式が最近生まれた慣習だということがわかります。

劇場はただ純粋に観劇のみを楽しむ場ではありませんでした。上の図は、ロンドンにあるドリュリー・レーンという劇場の一九世紀初頭頃の様子を描いたものといわれています。左手側に描かれている舞台ではすでに上演が始まっています。しかし観客席、特に手前の桟敷席の観客はあまり舞台に集中している様子はありません。会話を楽しむ女性たちや、他の桟敷席の方をみやっている男性の姿が前景化されています。

この時代まで劇場は社交場としての機能を有していました。前掲のポーの短編には「町のえり抜きの連中からなる観客」という言葉があります。語り手は客席をみながら誰が来ていて、誰が来ていないかということを確認していたのでしょう。このように劇場は社会階層の上部に位置する者たちが、互いの姿を確認する場であり、ヒエラルキーを最確認するための装置でもあったのです。観客席が明るいことは、そのような人たちにとって好都合であったわけです。また観劇することは貴族たちのステータスであり、着飾った姿で、舞台上の俳優以上に観衆の関心を集めることは彼ら彼女らの虚栄心を満たしたのです。
特権階級の人々の社交の場であった劇場のあり方にたいする異議は一七世紀頃からあり、観客席を暗転させようと試みる演劇人もあったようですが、それが実現されることはありませんでした。劇場を社交場としておきたい人々の欲望がそれを妨げてきたからです。観客席が本格的に暗転するのは、一九世紀末頃です。スウェーデンの劇作家ヨーハン・アウグスト・ストリンドベリは、『令嬢ジュリー』(一八八八)を発表したときにつけた序文で次のように語っています。

さらに目障りなランプの光や、見物の方を向いた沢山の顔の見えるオーケストラ・ボックスを廃止することができ、見物の目の位置が俳優の膝より上になる程度に平土間を高め、しょっちゅうお愛想笑いばかり浮かべている夜会服の男女のすわったプロセニアム・アーチの傍の桟敷を取り去り、演技のあいだに観客席をすっかり暗くすることができるならば、そして就中、小さな舞台と小さな観客席を作ることができるならば、おそらくわれわれは、新しい劇術を生み、また少なくとも、劇場を再び教養ある人々の楽しみうる場所に高めることができるであろう。(★2)

ここではいくつかの提案がなされています。まず「オーケストラ・ボックス」や「プロセニアム・アーチの傍の桟敷」を廃止しようという主張は、観客が舞台に集中できるような環境を整えようとしているストリンドベリの意志の表れです。観客が舞台に注ぐ視線を遮るものを排除しようとしているのです。観客席の暗転も、観客の視線を舞台にくぎ付けにさせるための方法です。最後にストリンドベリべりは劇場を「教養」の場として蘇らせたいと希望を述べますが、それは、劇場から社交場としての機能を廃棄するということでもあります。

したがって観客席の暗転は、社会において果たすべき劇場の役割の変化を暗示しています。さて、実際に上演中に客席の照明を消したのは誰だったのでしょうか？　一八九七年にヴィーン帝室歌劇場監督に着任したグスタフ・マーラーがそれを断行したといわれています。

マーラーは、まず悪名高い雇われ拍手屋の劇場での活動を制止し、上演中の遅刻者の入場を認めぬこととし、また、オーケストラボックスと観客席がもっと暗くなるように配慮した。これが腐りはてた伝統との戦いの開始だった。続いてヴァーグナーの作品を、これまであたりまえになってしまっていたカットを廃止して正しいもとの形に戻して上演した。一八九八年二月の『ジークフリード』に続き、同じ年の九月にはオリジナルの形で『指輪』全四部作が、そしてその一か月後には『トリスタン』が新しく練習しなおされてノーカットで取り上げられた。(★3)

この記述にはとても多くの情報が含まれています。「雇われ拍手屋」というのは、歌舞伎でいうところの「大向こうさん」と似た役割を持っています。拍手喝采をして上演を盛り上げるために雇われた人たちのことです。また遅刻者の入場禁止は、作品への敬意を高めるとともに、それまでの劇場のサロン的、馴れ合い的な雰囲気を断じるものでもありました。

これらはすべて「腐りはてた伝統」を断ち切る行為ですが、その象徴として観客席の暗転があります。ポーの『眼鏡』をみればわかる通り、照明がついたままの観客席で人々はどうしても視線を交わしてしまいます。暗転は観客席で発生する視線の交換を封じることで、劇場の社交場としての機能を無効にし、観客たちを舞台に集中させる目的とともにありました。マーラーは劇場における階級の再構築を拒むとともに、芸術を崇拝の対象としたのでした。それはストリンドベリが教養の場として劇場を考えたことと非常に近いものがあります。

光は啓蒙の象徴でした。英語で啓蒙は"enlightenment"といいます。その語幹に"light"があるように、光をかざす行為こそが啓蒙の本質です。しかし光を点けるためには暗闇がなければいけません。暗闇があって初めて光が差す場所が示され、明るさの価値がわかるからです。ストリンドベリやマーラーが観客席を暗転させたのは、光源を一元化することを目的としていました。そしてそれは劇場を啓蒙の場として再構築する野心を隠していました。

マーラーは劇場組織とその機能に関して、リヒャルト・ワーグナーの企図を参照したといわれています。実際に先の引用でも、マーラーの様々な劇場変革の試みがワーグナーの楽曲に関連していたことがわかります。ワーグナーは劇場改革のパイオニアでした。ヴォルフガング・シヴェルブシュは次のようにいっています。「バイロイト祝祭劇でのリヒャルト・ヴァーグナーの上演は、完全とはいえないが、かなり暗い観客席を前にして行なわれた。社会的な場としての劇場を廃棄し、それを神秘の場に変えるということは、一つの過激な試みであった(★4)」。

ワーグナーにとって劇場の問題はたんなる演劇の問題ではありませんでした。エッセイ「未来の芸術作品」(一八四八)では、「民族」あるいは「国民」という言葉を何度も使い、その「共通の欲望」のために、舞台芸術は貢献しなければならないとワーグナーはいいます。彼の文章はかなり回りくどくわかりにくいのですが、それは「国民」や「民族」が所与の概念ではないために、ワーグナーが何度も定義し直そうとするからです。

ワーグナーが「未来の芸術」を出版した一八四八年は「一八四八年革命」の年として記憶しているひとが多いでしょう。それは別名「諸国民の春」と呼ばれます。フランスで起こった二月革命がヨーロッパ全土に広がり、三月革命となります。フランスでは王政が廃止され、第二共和政が始まります。ドイツでは帝国内の諸民族が、民族自治権や権利を要求し、憲法の制定を求めて立ち上がり、その結果ウィーン体制が崩壊します。そこで生まれたのが「国民国家」という概念です。それまでの王などの統治者のもとに従属していた市民が国民として目覚めるわけです。その後、国民は主権者としての権利を有すると同時に、納税、兵役、教育などの義務を担うこととなり、国家を構成する単位となっていきます。

このような条件において階級的、宗教的差異は、とりあえず解消されます。「国民」とは、身分的差異を捨象し「個」に還元された人々の群れです。ワーグナーは劇場においてそれを再びまとめようとしたのです。統治者を失った「主権者」国民に新たな「主」を授けようというのがワーグナーの芸術崇拝の試みです。その前提として、芸術の前においてはみな平等であるという信念があったのです。

そのような願いがマーラーに引き継がれたとき、観客の視線を強制的に舞台に一元化する照明技術によって具体化していきます。観客席の暗転を広い視野で考えるならば、そのきっかけとして諸国民の春と国民国家の成立があったということはきちんと認識する必要があります。

一九世紀の終わりは、イギリスではヴィクトリア朝の終わりにあたります。産業革命によってもたらされたイギリス帝国の栄華がゆっくりと終わりを迎え、独自の階級社会が徐々に形骸化していった時代でもあります。劇場もまたそのような時代に向けて役割を変えようとします。前記したとおり、劇場が大衆化するのです。ジェイムズ・ジョイスはこのような変化をいち早く感じとった作家のひとりです。「劇と人生」(一九〇〇)と題されたエッセイでは次のような慧眼を披露します。

劇は本質的に、共同体の芸術であり、広大な領域に及ぶものである。そのもっとも相応しい媒体である実際の演劇は、あらゆる階級からなる聴衆を前提にしていると言ってよい。〔中略〕だがここでは、芸術家は自己自身をも差し控え、ベールに覆われた神の貌の御前で恐れ多い真実を仲介する者、という立場に立つのである。(★5)

ジョイスはまず演劇が「共同体の芸術」であることと述べます。そして観客が「あらゆる階級からなる聴衆」から構成されていることに、読者の関心を向けさせます。もはやジョイスの時代には、劇場は特権的な階層のものではなかったのです。このような観客が舞台に期待したのは新しい神でした。光に照らされた舞台は祭壇としても崇め奉られたのです。

このことに危惧を示した作家がいます。オスカー・ワイルドです。彼もまた芸術崇拝を主張した作家ですが、そこには大衆への恐れが垣間見えます。『社会主義下における人間の魂』(一八九一)をみてみたいと思います。

ひとが権力を行使しようという欲望とともに、芸術作品と芸術家に近づいてくるならば、彼はそこから芸術的影響をうけるような魂の状態でそれに接しているのでは全くない。芸術作品が観客を支配するのであって、観客が芸術作品を支配するのではない。観客は受け入れ可能な状態でなければならない。(★6)

マーラーの芸術崇拝が啓蒙の試みであることは前に述べたとおりですが、ワイルドはそれにたいして、啓蒙が大衆迎合に堕してしまうことの危険を指摘しています。ワイルドの言葉には、劇場そのものが新しい場所として生まれ変わろうとしている予感に満ちています。大衆という新たな客を観客席に迎えた演劇は、それにおもねろうとする誘惑と闘わなければなりません。

## 知識人の誕生

ワーグナーやマーラー、そしてストリンドベリやワイルドはみな新しい時代に生きる芸術家のモデルを示そうとしました。演劇やオペラを単なるエンターテイメントではなく、新たに勃興しつつある市民社会の啓蒙のために役立てようとしたのです。ワイルドはよく「芸術のための芸術(art for art's sake)」の提唱者として知られますが、それは彼が生きた時代の様々な変化に惑わされない芸術の価値を守ろうとした信条と理解すべきです。彼の作品は単にデカダン的であるだけでなく、多くのモラルを含んでいることを見逃してはなりません。

芸術家は単に作品をつくるだけでなく、人々をまとめ、指針を与える役割を担うようになります。時を同じくして「知識人」と呼ばれる人々が出てきます。フランスのドレフュス事件（一八九四）の際に、専門的な知識もなく無闇にドレフュスを擁護している文学者、哲学者を揶揄する言葉として誕生しました。それが徐々に、専門性に閉じこもることなく、公共的議論に積極的に関わっていく人たちを肯定的にとらえる言葉となっていきます。

エミール・ゾラは、ドレフュス事件で明るみに出た軍部と政府の腐敗への批判書「私は弾劾する」（一八九八）を発表します。時の大統領フェリックス・フォール宛ての公開質問状で、ゾラは、軍部や政府の不正を糾弾しました。ゾラの文書は新聞に掲載され、それによって世論は沸騰し、ドレフュス支持と反ユダヤ主義のふたつに大きく割れてしまいます。国家と対立するだけでなく、世論形成する知識人の役割をゾラが担えたのは、彼が人気作家としてのネームバリューを持っていたからです。「知識人」は単に知識を有するものという意味ではありません。エドワード・サイードに『知識人とは何か』（一九九三）という講演の記録があります。ここで彼は「知識人」を「永遠に呪われた亡命者」と規定します。それはあらゆる党派を超越し自由に発言するものを評した言葉です。そのような言葉が一九世紀の終わり頃に出てきたのは注目に値することです。国民国家の成立とともに「個」となった人々（国民）にたいして、指針を与え、大衆を先導する役割を知識人が担ったわけです。彼等は皆、専門性に閉じこもることなく、公共性の高い問題について発言をしました。これらの知識人が、文学者や人文学者であることも見逃せない特徴です。

ヘンリック・イプセンに『民衆の敵』（一八八二）という戯曲があります。そこで描かれるのは、温泉によって町を観光地として開発しようと目論む町長と町民たちにたいして、製革所からの廃液が温泉を汚染していると告発する医者トマス・ストックマンとその一家の孤立です。ここでは世論形成を試み失敗し、大衆と敵対する知識人が描かれています。トマスは環境破壊を告発することから、観光産業という利権に与ろうとする人々の欺瞞を告発することに移行します。ここでトマスは良心と真実のみを頼みとする知識人として振舞っています。

イプセンの芝居は社会劇として知られています。もちろんそれが社会を描いているからそう呼ばれるのですが、その社会とはなんなのか、どのような構成要素からなっているのかをきちんと認識しなければなりません。少数の王族や貴族が支配する身分制社会は終わり、経済力がものをいうブルジョア社会へと大きく変わっていくなか、新しい立ち位置を見出そうとする人やそれができない人をイプセンは描出します。イプセンはまた「家庭」の束縛から逃れ生きていこうとする女の自立を描きます。一方で、真実と正義の力をやや過信する知識人の孤独をも映し出しています。大きな変革期だからこそ、イプセンの知識人は世論を先導する義務を感じるのですが、少し空回りしているような気がします。

またチェーホフには『ワーニャ伯父さん』(一八九九)という芝居があります。年老いた大学教授(セレブリャコーフ)の田舎の領地が舞台となります。教授を尊敬し、その生活を支えるために身を粉に働いてきたワーニャたちは、領地を売ろうとする教授の計画に、驚愕し失望します。この作品の重要な背景に都市と田舎の問題などもありますが、ここで注目したいのは知識人(セレブリャコーフはロシア文学の教授です)にたいする、大衆の期待と失望です。ワーニャはセレブリャコーフに、大学教授のステータス以上のなにかを期待していたからこそ、裏切られたときの失望も大きいのです。

一九世紀末に芸術家は芸術以外の責任をも背負い込むようになります。それは大衆のモデルとして、生き方の指針を示すという責任です。もちろんそのような責任に、はなから背を向ける芸術家もいましたが、演劇関係者の多くはそこに演劇の新たな可能性を見出していきました。イプセンやチェーホフが知識人的な人物を描き出していることも偶然ではありません。それまで社会を支えてきた貴族階級に代わるモデルを、またそれに代わって勢いを増す、ブルジョアの経済至上主義に対抗しうる価値を担うことを、知識人は期待されたのです。

# 第五章　クレイグと劇的空間

## 劇場照明装置の変遷

前章では、演劇における照明の重要性について確認をしてきました。そしてそれが大衆社会の成立と有機的な関係を有していることも確認しました。劇場照明の歴史は、国民国家と国民の誕生とパラレルのものでした。直接的なリンクはないものの、客席が暗転するのはある種の歴史的な必然といっても過言ではありません。劇場の暗転と演出家の誕生はほぼ同時期に起こった演劇界の大事件です。オペラの世界と演劇の世界は違うという意見もあるかもしれません。しかしその同時性は決して偶然ではありません。劇場という場所と社会との関わりが大きく変わってきたのです。一言で言えば、より緊密で緊張感をもった空間へと変わっていったといえるかもしれません。おしゃべりやよそ見を禁じた空間で、観客と俳優はより密接な関係を結ぶようになります。だからこそ、スタニスラフスキーは俳優の心が体に一致するような方法を作り上げたのです。本章ではそのことを別の角度から考えたいと思います。

アドルフ・アッピアに「ドラマと演出の将来」(一九一八―一九)というエッセイがあります。この冒頭は次のように始まります。「演劇芸術とその舞台の進化を今日評価するにあたり、何より不可欠な概念は、劇作家の原初の構想と、劇作家に提供され劇作家が当てにすることができる上演の手段、この両者の間に交流が存在することだ」(★1)。ここでアッピアは劇作家と演出のコミュニケーションについて語っています。これまで劇作家から上演スタッフへの一方通行のコミュニケーションしか存在しなかったため、それを「交流」、つまり双方向的コミュニケーションに変えなければならないといっているのです。それは劇作家とテクストにたいする、舞台と上演の権利主張です。

そこでアッピアは演出のための三つの重要な要素を挙げていきます。

演出の第一の要因は、演者、つまり「俳優」である。「俳優」は劇行為の担い手である。俳優なしでは劇行為はなく、したがってドラマもない。全ては、序列において第一位にあるこの俳優という要素に左右されるように見える。

ところで、身体は、生きて、動き、造形的である。つまり三次元をもっている。身体に与えられることになっている空間や物は、そのことを綿密に計算に入れたものでなくてはならない。結果、俳優の次に大事なのは、舞台の全体的な配置である。舞台の配置により俳優は舞台空間と接触し、リアリティを得るのだ。ここで既に二つの主要な要素が揃った。俳優、そして、俳優の造形的なフォルム、その三次元性にふさわしい舞台の配置である。

あとは何だろうか？

「照明」(★2)だ！

アッピアの演出において最も重要なのが俳優の身体です。それがあって初めて演出が可能になる、絶対的な条件です。その俳優が演技する場として舞台空間が、二番目に重要な条件となります。そしてその次に照明が重要だと述べているのです。

アッピアは書割などに向けていた注意を、今後は照明に向けなければならないといっています。上演における照明の働きが過小評価できぬものになっていることがわかります。舞台が戯曲への一方的な依存から、解釈の場へと変貌する一九〇〇年前後に、舞台照明の重要度が認められます。それは舞台がより自立的な空間となっていくための必要な装置であったのです。

アッピアの舞台照明にたいする考えはマーラーが行なった観客席の暗転と相関関係にあります。客席を暗くすることによって初めて、舞台照明の効果が鮮明となるからです。それは劇場において芸術作品を崇拝させる雰囲気と、大衆を啓蒙する条件を作り出すものでした。劇場照明が演劇に欠かせぬものとなるプロセスは、大衆社会の成立を条件とするのです。

しかしこのような図式を描いたときに、隠れてしまう問題があります。テクノロジーの問題です。これは、わたしたちが芸術と社会について考えるときに、盲点となりがちな問題でもあります。客席の暗転がマーラーという天才によってなされたというのは事実ですが、そのような着想が実現されるためには、まずはスイッチ等で照明を明るくしたり暗くしたりできる調光装置が発明されていないといけません。暗転を可能にするための技術革新があって初めて、ワーグナーからマーラーに引き継がれた精神が実現できたのです。

一八世紀頃まで演劇は日の光を頼りに上演をしていました。それは必然的に昼間に行なわれていました。一九世紀初めになると、ろうそくが使われるようになり、夜の上演が増えてきます。ガス灯がパリのオペラ座にて照明器具として使われるようになるのは一八三二年。エジソンが電気を発明した一八七九年のすぐ後に、ロンドンのサヴォイ劇場では電気照明が導入されます。明るさを簡単に調整できる調光器が導入されるのは二〇世紀になってようやくです。客席の暗転はこのような絶え間ない技術革新の結果でもありました。

## クレイグと空間の創造

さてスタニスラフスキーについて論じたときに強調したように、演出家とは大衆社会の誕生によって、分離独立した職能です。俳優の人物造形を助けるとともに、観客の戯曲理解を容易にし、舞台と観客席の距離を縮めることに貢献したその役割は、大衆の導き手として演劇の地位を固めたのでした。

しかし演出の仕事とはそれだけにとどまりません。一九世紀から二〇世紀にかけての劇場技術革新は、劇場の仕事を専門化し、複雑化します。照明だけでなく、音響、衣装、美術、大道具、小道具など、劇場の様々な技術が特殊化し、専門化します。タコツボ化する危険のあるそれぞれの仕事を、俯瞰する役割が必要になってきます。そのような役割として演出家を構想したのが、イギリスのエドワード・ゴードン・クレイグです。

著名な女優とデザイナーの息子として生まれたクレイグは、子役としてデビューしたあとすぐに舞台美術家に転身し、そして演出家となります。彼は初めて演出家(stage director)という言葉を使用し、それを自認した人でもあります。しかし彼の構想はとても高邁なもので、実際に具体的な仕事として結実することは稀であったようです。現在、彼の考えは舞台美術のスケッチやエッセイから伺うことができます。一九一一年にまとめられた『劇場の芸術』というエッセイ集は、演出の重要性を説くとともにテクストの専横からの演劇の解放を試みるものであって、演出家の役割を確立しようとするマニフェストでもあったのです。

もともと舞台美術家であっただけに、クレイグのイメージはとても造形感覚に優れたものでした。彼の演出理論とは空間の構成であったといっても過言ではありません。一方、「俳優と超人形」(一九〇七)という彼の代表的な論考では、役に成り切ることを促す演出方法を否定します。そのような考えは、心理を軸に演技を組み立てて演出をするスタニスラフスキーの方法とは対照的ですが、ふたりは共感する部分も多く持ち合わせていたようです。実際にスタニスラフスキーは、クレイグをとても尊敬していて、モスクワまで招いたりしています。このような交流からスタニスラフスキーの考えが、クレイグの考えと大きく異なるものではないことがわかるだけでなく、彼の演出方法が感情移入に単純に依存するものではなかったことがわかります。

クレイグはスタニスラフスキー以上の慧眼で、二〇世紀の演劇の行く末を見据えていました。自身の試みを社会と経済の大きな流れのなかで考える巨視的な視野を持っています。たとえばそれは次のような言葉に表れています。

俳優や、舞台美術家や、その他職人の手を借りて戯曲家の戯曲を解釈するとき、彼は職人となる。職人頭となるのだ。彼は動き、言葉、台詞、色とリズムの使用をマスターすることができたら、彼はアーチストになることだろう。そうすればもはや戯曲家の手助けなど必要ない。我々の芸術は自立的であるからだ。(★3)

クレイグは最初に、演出家の仕事は戯曲を解釈することだといいます。次にそのためには、他のスタッフの仕事を束ねて「職人頭」とならなければならないといいます。重要なのは文字情報ではなく、それを体現する物理的効果だということです。言葉や動きなどの抽象性を語ることができるような「アーチスト」になるためにはまず、スタッフたちをまとめ上げないといけない。最後に、そうすることで演劇は戯曲から独立し、自立することができると付け加えます。

クレイグは演劇を劇作家の王国から解き放とうとします。演劇は戯曲の再生であることを止め、舞台空間で新たに創造されるものとします。そのために強調するのが戯曲の「解釈」ですが、それは決して演出家の独断ではなく、他の劇場スタッフとの協同作業だと強調します。クレイグが演劇の行末を予見していたというのは、劇場における分業制を強く意識していたからです。そして演出家を、まずはこのような専門家集団のまとめ役として位置づけたのです。

## 演劇論から身体論へ

前にも述べたように、一九世紀後半には俳優の時代が到来します。オスカー・ワイルドのように、俳優の仕事を芸術的に評価しようというひともでてきます。クレイグが「俳優と超人形」で述べていることは、そのような傾向に逆行しているようにみえます。俳優の個性と感情を否定し、それらを超えた演技の象徴として操り人形を演技のモデルとするクレイグの考えは、テクストへの隷属から自立しようとする俳優のあり方に逆らうだけでなく、舞台空間を劇作家から独立させようとする自身の考えとも矛盾するように思われます。しかしクレイグは感情に任せて役柄に移入してしまうような演技方法を否定するとともに、完全に意志を失ってしまい、なにかの言いなりになるような俳優のあり方をも否定しています。だからこそ単なる「人形」ではなく「超人形」なのです。

クレイグが具体的にどのような俳優像と演技方法をイメージしていたかは、実はよくわかりません。実践的な機会に恵まれなかったため、その言葉はしばしば具体的なイメージを伴わないことがあります。しかしそれを空想とかたづけることは賢明ではありません。クレイグに導かれるようにして俳優の身体に関する議論が始まるからです。アドルフ・アッピアの「ドラマと演出の将来」での主張は、クレイグの主張と響きあっています。

身体というこの素晴らしい楽器は自由に響き渡るどころか未だに明白な隷属状態にある。身体が自らの意思を貫くためには、自らのうちに解放を見出し、何者も逆らうことができぬほどの支配力を獲得しなければならない。先頭に立って、他の〔代表的な要素〕を従順に付き従えるのは俳優だ。身体復権の訓練には厳格な規律が必要である。第一の表現方法として人間の身体に回帰しようとする発想は、今日、多くの人々の頭を一杯にし、想像力を駆り立て、様々な試みを促してくれる。その価値にもばらつきがあるが、しかし、全ては同じ身体復権を目指しているのである。(★4)

それまでの俳優がテクストへの隷属状態にあること、それを断ち切るのは「自らのうちに解放」を見出さなければならないとアッピアはいいます。そのためには様々な訓練と規律が必要であるといいます。ここでアッピアが「身体復権」という言葉を使っていることが重要です。つまり、俳優をめぐる議論は単なる演技論を超えて身体論となっていくのです。

演劇の俳優論は、たとえば、哲学の新しい動きと響きあいます。ニーチェは『道徳の系譜』(一八八七)で、「奴隷道徳」にたいして「君主道徳」を評価します。強壮、健全など身体にかかわる価値が、西洋の道徳の価値体系において貶められていたことを告発し、身体の復権を主張するのです。このような考えがクレイグやアッピアのものと共鳴しあうことは明白です。この文脈で最も重要なのは、アントナン・アルトーでしょう。アルトーは映画俳優としてそのキャリアをスタートさせます。アベル・ガンスの『ナポレオン』(一九二七)やカール・ドライヤーの『裁かるるジャンヌ』(一九二八)などに出演し、またシュールリアリズムに参加します。膨大な詩を残すとともに、演劇や映画に関する理論的記述も多く残します。一九三〇年代後半には精神疾患にかかり、精神病院に入院します。このような問題もありアルトーはほとんど作品と呼ばれるものを残していませんが、精神を患う前後に残した膨大な演劇論、芸術論、言語に関する考察が、彼の死後カルト的な人気を誇ることになります。特に二〇世紀を代表する哲学者、ジル・ドゥルーズやジャック・デリダに影響を与えます。ドゥルーズとフェリックス・ガタリは『千のプラトー』(一九八〇)という主著において「器官なき身体」という概念を提唱しますが、これはそもそもアルトーの言葉です。

ここではアルトーの膨大な論考のなかの、演劇に関する鋭い分析が結晶しているエッセイ「演出と形而上学」(一九三一)から参照してみましょう。

私が注目するのは、言葉の独占的支配下に生きている我々の演劇ではこのような記号と身振りの言語、この沈黙のパントマイム、これらの態度、空間のなかでの動作、事物としての抑揚、つまり、私が演劇の中のとくに演劇的と考えるすべて、そうしたすべての要素を、それが台本の外に存在するとき、誰もかれも、演劇の低俗な部分と考えているということである。(★5)

ここでアルトーは「演劇特有の言語」について述べています。それは言葉や戯曲を優先する考えから演劇を解放し、舞台上で行なわれることすべてを自律的なものだと考えることです。そのような「演劇特有の言語」を実現するのが演出であり、その軸となるのが俳優の身体です。

そして、演劇的観点から、言語や、身振りや、態度や、装置や、音楽などの形而上学を作るとは、それらを、時間と運動のうちでめぐり合う、そのめぐり合い方のすべてとの関連において見ておくことだと思う。

一つの身振り、一つの音のひびき、一つの抑揚が、空間のある場所で、ある時間に、ある程度に強調される。そのさまざまなやり方から一つの詩が生まれる。だがその客観的な実例を示すのは、一つの音の特徴や、生理的苦痛の性質や程度を言葉で他人に伝えようとするのと同じで、非

常に難しい。それは上演に結びついていて、舞台の上でしかはっきりとしてこない。[★6]

言葉では伝えきれないメッセージを、身体が他の様々な舞台装置と結びついて発信します。アルトーはそれに非常に抽象的な言葉を与えます。戯曲の言葉に対抗しうる詩的な価値を身体に見出していきます。そのような言葉が二〇世紀後半、哲学と結びつき、ラディカルな思想を啓発していくことになるわけです。

演劇をめぐる論考が哲学と結びついていくことに関して論じるならば、とても時間をかける必要があります。ここではとりあえず、演劇と西洋哲学が同じ問題を有していたことにだけ留意しておきましょう。それは言葉(ロゴス)優位で、体にまつわるものすべてを下にみる考えです。この考えはプラトンから発し、キリスト教が育んできた思想といえるかもしれません。演劇も哲学も、その強い影響下にずっとあり続けました。そして二〇世紀は、このような構図が覆る時代でした。

さて、ユニークで類をみないようなアルトーの言葉ですが、これまで日本では主に哲学思想の分野でのみ消費されてきた印象があります。アルトー自身がちゃんとした戯曲をほとんど残していないことにも起因し、彼の言葉は演劇史に引き付けて論じられることがあまりありません。しかし「演劇固有の言語」の提唱には、西洋演劇の歴史というバックグラウンドがあることを看過してはいけません。一九世紀の終わりから二〇世紀の初めにかけて誕生した「演出家」という近代的職能と、そこでクレイグの果たした役割を意識して、アルトーの言葉を読むべきでしょう。

## 資本主義時代の演劇

さてクレイグに戻りましょう。彼は舞台を、戯曲が再現される場としてではなく、新たな創造の場としてとらえなおし、上演が戯曲に隷属することを拒否します。だからこそダンス的な要素、身体的な要素を重視するわけですが、それは彼が戯曲を軽視したという意味ではありません。

演劇の芸術とは、演技にあるのでもないし、戯曲にあるのでもない。それは場面でもないし、ダンスでもない。それはこれらのものが構成されるすべての要素からできている。たとえば、行為は演技の真髄である。言葉は戯曲の本体である。台詞と色は場面の中心である。リズムはダンスの本質である。(★7)

クレイグは、演劇という芸術における言葉の価値を相対化しました。一九世紀以前、演劇の理論とは戯曲の理論であったことはすでに確認したとおりです。演劇において重要なことは俳優が戯曲を朗誦することでした。演出家の登場はそのような言葉の専横を覆し、言葉だけでなく、ダンス、音楽、舞台装置が織りなす総合芸術として演劇を再構築しました。したがって、言葉や戯曲が演劇において廃棄されたわけではありません。言葉もまたダンスや音楽、照明と同じレベルで演劇を構成する素材となったのです。演劇が、朗誦術から、言葉、身体、空間、舞台装置を総合的に構成する芸術へと生まれ変わったのです。

総合芸術という言葉はワーグナーの企図を思い出させます。それは国民国家の成立によって「個」

に還元された人々を再統一しようという試みでした。一方、クレイグは、むしろ現場の民主主義のようなものを意識していたような印象があります。そのような考えをもったクレイグが、現場であまり仕事ができなかったというのはなんとも皮肉です。

クレイグがこのような構想を得るにはある種の危機感がありました。専門化するスタッフの仕事と商業化への傾斜を懸念した彼は以下のようにいいます。

　演劇には芸術家が欠けている。演劇の芸術家だよ、気をつけてくれたまえ。画家でも詩人でも音楽家でもなく、演劇の芸術家だ。私が言及した多くの技術者たち(照明、衣装、音響、背景)はみなこのような状況を変えるための力にはならない。彼らは劇場のマネージャーたちの要求を満たすように強制されている。そして彼らの多くは喜んでそうしているのだ。演劇の芸術家はこのような状況を変える。彼は徐々だが確実な方法で、これらの技術者を集め、ともに演劇の芸術に新たな生命を吹き込むことになるだろう。(★8)

これは非常に示唆的な記述です。というのも、ここには明らかに資本主義的な版図が透けて見えてくるからです。まずマネージャーに代表されるのは資本家です。そして技術スタッフはそれに搾取される労働者です。ここまではよくある図式なのですが、それにたいする演出家(芸術家)の立ち位置が独特です。彼は革命家のように現れ、スタッフを労働から解放します。そしてなによりも芸術を市場経済から救いだすのです。

クレイグは資本主義時代の演出家です。労働の分化と資本による搾取に鋭敏に反応した芸術家です。「はじめに」で述べたとおり、演劇はその内部に対立を抱えた芸術でした。劇作家と上演スタッフのあいだに、また俳優と観客のあいだに、軋轢が発生する可能性が常にあります。クレイグは明確な職務分掌をもたらし、このような対立を整理したのです。その意味でクレイグは劇場に近代化をもたらしたともいえるでしょう。

クレイグが演出家として企図していたことはスタニスラフスキーが演出家となるプロセスとパラレルな関係にあります。一九世紀の市民階級の勃興とともに、貴族性が崩壊し、大衆文化としての演劇が成立します。しかしそれは演劇が通俗的なものになったという意味ではなく、より緊密に観客に向かうようになったことを意味します。そのような緊密さを作り上げるために、スタニスラフスキーの演出方法が機能したのです。

一方、クレイグの考えた演出家は、産業革命に端を発した、劇場労働の専門化／分化と、演劇の商業化にたいする処置として構想されました。技術の高度な専門性は必然的に分業制へと至ります。それらの仕事を統括する役割が演出家に託されたのです。またそれは同時に、経済的な要求にたいする芸術的な砦の役割をも期待されました。二〇世紀の劇場は、経済的問題と芸術的価値がせめぎ合う空間となったのですが、そのような状況はすでにクレイグによって予言されていたのです。

# 第六章　自然主義演劇の時代

## 類型化されない登場人物――『ヘッダ・ガーブレル』

演出家という職能の独立は、大衆社会の成立、技術革新、資本主義の浸透とともにありました。社会の変化が演劇上演の構造も変化させたのです。一方で、そのような変化がどのように戯曲の書き方を変えたかという問題を考えることも有益でしょう。ここでは、貴族を頂点とする身分制社会から大衆社会への変化によって、どのような戯曲が生まれたかを考察してみたいと思います。自然主義演劇を論じた際に「普通のひと」というキーワードで考えましたが、ここではその観点を引き継ぎます。チェーホフが描いたような「普通のひと」は演劇史においてどのような系譜にあるのかを提示するのが本章の目的です。

演劇は「偉いひと」を主人公にしてきました。そもそもその起源は、英雄の墓の前でその人の営為を称えるための儀式だといわれていますが、それを前提とするならば、演劇が特権的な人々――高位の貴族、政治的権力者――を主人公にしてきたというのは当然かもしれません。アリストテレスは『詩学』で次のようにいっています。「喜劇は現に我々の周囲にいる人々よりも劣った人を再現しようと意図するが、悲劇はより秀でた人物を再現しようと意図する」(★1)。悲劇の登場人物は単なる個人ではなく、国や民族などの共同体の価値観を担う象徴的存在でもありました。オイディプスはテーバイの腐敗の原因を自らの過去の過ちにもとめ、自らを追放の刑に処すことで、国を救おうとします。ハムレットは仇を果たしたあと、絶え絶えの息でデンマークの王位をノルウェイ王子のフォーティンブラスに譲ると遺言を残します。それにより、デンマークを覆っていた不穏な空気が一掃されることが予想されます。悲劇の英雄の生死は、その共同体の運命を左右するものなのです。

「偉いひと」を描く悲劇にたいして、新たな演劇ジャンルの創設を唱えたものもいます。一八世紀フランスで活躍したドゥニ・ディドロです。ディドロは自身の戯曲『私生児』(一七五七)に関して「喜劇と悲劇の中間に位するような演劇の概念を示そうと」しました。それをディドロは「美徳や人間としての義務を取り扱う喜劇(★2)」と説明しています。それは市民たちに倫理と規範を問いかけるジャンルの創造でもありました。

ときを同じくして、イギリスではジョージ・リロが『ロンドン商人』(一七三一)を書きます。これは韻文ではなく散文で書かれた、一市民の悲劇であり、一九世紀のヴィクトリア朝の小説にも大きな影響を与えます。ちなみにイギリスではこれらブルジョアを描いた悲劇を「家庭悲劇」と呼びます。つまり舞台を、国家などの大きなコミュニティではなく、一市民の家庭に設定し、政治的な問題よりも、道徳や市民的規範を論じたものがそう呼ばれたのです。またドイツではドリス・レッシングが残した『ミス・サラ・サンプソン』(一七五五)もこのジャンルの代表作と考えられています。

このようなジャンルの展開には、ディドロが中心にいた百科全書派が象徴する啓蒙主義思想が大きく寄与します。しかし時代がいわゆる新古典（擬古典）主義の時代に代わると、市民劇、家庭劇のジャンルは途絶えてしまいます。市民劇、家庭劇が演劇の傍系ではなく真の伝統となるのはやはり自然主義以降です。一九世紀後半の自然主義演劇の主人公は、英雄でもなく、政治力も持っていない、平凡な市民でした。彼ら、彼女らの生死は周囲の人々の生活にほとんど影響を及ぼしません。『かもめ』のトレープレフが死んだこと、ニーナが生き残ったことは、すぐに忘れ去られる些細な出来事に過ぎません。『三人姉妹』の終盤、トーゼンバフは決闘で命を落としますが、三人の姉妹は忍耐とともに生きていくことを選びます。「個」の命はあくまでの「個」の命で、周囲の日常に影響を及ぼすことはほとんどありません。

チェーホフと並んで「普通のひと」の演劇を作り出した劇作家としてノルウェイのヘンリック・イプセンの名を挙げることができます。ジェイムズ・ジョイスは「イプセンの新しい劇」（一九〇〇）で、イプセンの芝居が劇史上に新しい時代をもたらしたことの根拠として、「後期の戯曲のすべての土台として、平均的な人間の生を選び、その妥協を許さぬ真理を捉えてきた」[★3]ことを強調しています。

そこでまずはイプセンの代表作『ヘッダ・ガーブレル』（一八九一）をみてみましょう。タイトルはこの劇作のヒロインの名前ですが、正確にいうならば誤りがあります。登場人物紹介には「ヘッダ・テスマン夫人」とあり、彼女がイェルゲン・テスマンと結婚をしていることがわかります。「ガーブレル」とは彼女の旧姓であり、偉大な父親、カーブレル将軍とのつながりを示す記号でもあります。そのタイトルが示すのは、現状に甘んじきれず、過去の栄光にすがりたいヘッダの状況です。由緒正しいガーブレル将軍の娘という社会的な階層にあった彼女が結婚したイェルゲン・テスマンは平凡な研究者。そのような夫に彼女は嫌気がさしているのですが、それだけではありません。なによりも自分自身の空虚さに、内実の欠如に嫌気がさしているのです。

ヘッダはつねに「暇つぶしの道具」を探しています。そんな彼女は「ガーブレル将軍のピストル」(★4)をもてあそんで、どこともなく照準を合わせたりします。ヘッダには所属すべき階層も安住すべき家庭もありません。燃やすべき欲望も情熱もありません。

ヘッダと対照的な存在がエルヴステード夫人です。学友でもあったこの女性をヘッダはやや下にみています。エルヴステード夫人は金持ちの商人を夫に持ちますが、因習的で家父長的な家から逃れようとします。彼女はその希望を、社会主義者であり、イェルゲン・テスマンのライバル研究者でもあるエイレルト・レェーヴボルクにたくします。二人は駆け落ちを計画しますが、このような情熱がヘッダの空虚を照らし出すのです。「ああ、わかってもらえたらね、わたしがどんなに貧しいか、そこへいくと、あなたは豊かよ、恵まれているわ!」(★5)。これはヘッダがエルヴステード夫人に面と向かっていう台詞です。学生時代から見下してきたエルヴステード夫人にたいして、ヘッダの本音が漏れる数少ない瞬間です。

さて、ヘッダが羨望するエルヴステード夫人の豊かさが愛と情熱であることはすでに述べたとおりです。それを象徴するのがエイレルトの原稿です。エルヴステード夫人にインスピレーションを受けて書かれたその原稿は、二人の共同作業の証であり、希望の書となるべきものです。この原稿がピストルとは対照的な小道具であるのは明白です。後者が過去の遺物であるのにたいして、原稿は来るべき未来の象徴です。しかし、酒乱気味のエイレルトは愚かなことにその原稿をパーティの席に置き忘れてしまいます。そしてあろうことかその原稿はヘッダの手の元にわたってしまいます。それをエイレルトに直接返す機会がありながらも、彼女はそうはせず、暖炉の火で焼き捨ててしまいます。

ヘッダ　（一折の原稿を火に投げ込み、自分に言い聞かせるように、ささやく）さあ、あんたの子供を焼いてやる、テア〔エルヴステード夫人〕！　あんたの縮れ毛も一緒にね！　（さらに二、三帖の原稿を投げ込み）あんたの子供でエイレルトの子供をね。(★6)（〔〕内は筆者による）

ここにヘッダの闇の深さがうかがいしれます。ここでヘッダは原稿をふたりの子供になぞらえます。それはふたりの愛の結晶を否定することだけでなく、生殖そのもの、つまり人間の種の保存の法則をも否定することを含蓄しているようです。

その後エイレルトは亡くなりますが、エルヴステード夫人とヘッダの夫イェルゲン・テスマンが協力して、エイレルトが残したノートから原稿を復元しようという計画が浮上します。つまりイェルゲン・テスマンによるエルヴステード夫人の「妊娠」と「出産」が比喩的に表されるのです。周囲に満ち溢れる希望に絶望するように、ヘッダは最後に父親のピストルで自分のこめかみを撃ち抜きます。しかし一方で、終盤吐き気を催すヘッダもまた妊娠していたことが仄めかされていました。岩波文庫版の『ヘッダ・ガーブレル』には、訳者である原千代海による解説が巻末に収められています。そこにはこの戯曲を書いた際のイプセン本人のメモが引用されています。そこで重要だと思われるのは「彼女たちはみんな母親になるようにはできていない」(★7)というものです。ヘッダがなにを恐れていたのか、どのような問題を抱えていたのか、あるいはなにを羨望していたのかがよくわかります。

しかし、そのようなヘッダの問題を「空虚」といってていいのでしょうか。彼女は母親となる資質に恵まれなかった女性です。しかしイプセンはこのような女性を愚かな女性とは描いていません。むしろ自殺に美学を見出すようなデカダンで、エキセントリックな感覚を持った女性として描いています。真の問題は、すべての女性に母親となることを強制してしまう社会ではないでしょうか。女性の未来がステレオタイプ的な類型しかない社会こそ、諸悪の根源ではないでしょうか。もしそうだとするならば、ヘッダの悲劇はその空虚さにあるわけではありません。その過剰な感受性とそれを表現する術がないことにこそその悲劇はあるのです。

『ヘッダ・ガーブレル』の背景には、一九世紀的な「力」の社会から二〇世紀的大衆社会への転換があります。もはや将軍などの権力者が幅を利かせる時代ではないのです。男たちはそれを意識させる存在です。エイレルトは来るべき未来のマニフェストを描き、また小市民イェルゲン・テスマンも否定的に描かれますが、リベラルな心を持っています。しかし女性の役割は変わりません。因習的な夫から逃れようとするエルヴステード夫人ですが、彼女は男性の創作のインスピレーションであることに満足し、その作業は出産に比せられます。ヘッダの苛立ちは、時代は変われども女性の役割が変わらないことにたいして向けられています。ヘッダの過剰性とは、社会の要請する役割にあてはまらないことに起因するのです。

## フェミニズムと『人形の家』

イプセンの作品は、フェミニズムの意識の萌芽と呼応しているとよくいわれます。フェミニズム運動が起こったのは一九世紀です。フランス革命に影響を受け、フランスの女性作家オランプ・ドゥ・グージュは「女性および女性市民の権利宣言」（通称「女権宣言」、一七九一）を起草します。これをきっかけに、ナショナリズムと同様、フェミニズムは汎ヨーロッパ的なムーブメントになっていきます。アメリカでもルクレシア・モットやエリザベス・ケイディ・スタントンが中心となって「女性の権利の宣言」（一八四八、諸国民の春と同年！）が起草されます。

オランプ・ドゥ・グージュが「女権宣言」を起草したのは、「人間と市民の権利の宣言」（一七八九）のタイトルにある「人間（"l'homme"）」が「男性」をも示し、そこから「女性」が排除されていると感じたからです。このことからもわかるように、当初のフェミニズムは、近代国家における投票権や参政権のほか就労の権利や財産権などの権利の獲得を目標にした、法的な男女平等を目指す闘いでした。これが具体的な成果として結実するのは一九世紀の終わりから二〇世紀の初めでした。

これらの運動はフェミニズム第一波と呼ばれ、それ以降のフェミニズムとは区別して考えられることが普通です。参考のために、アメリカを中心に巻き起こった第二波と第三波フェミニズムについても概括しておきましょう（第二波と第三波をひとつの運動とみなすこともありますが、ここでは区別します）。第二波は一九六〇年代、家庭、学校、職場などにおける平等を目指すものでした。有名大学への女性の入学許可などと併せて、中絶合法化などが問われたのがこの時期でした。第一波が、法律が保証する権利の平等を目指すものであったのにたいして、第二波は、家庭、社会における平等を目的にしたものであり、「リベラル・フェミニズム」と総称されます。

一九七〇年代のフェミニズムは第三波と考えられます。それまでのフェミニズムが白人中流階級の女性の価値観を中心として展開していたことにたいする批判から、人種や民族、性的指向、階級などの要素を加味し、人種、民族問題などを扱う公民権運動、あるいはセクシャル・マイノリティたちの運動と連帯していくことになります。「ポリティカル・コレクトネス」という考えもここから生まれてきます。「ポリティカル・コレクトネス」は日常に潜む偏見に標準を合わせたものでしたが、第三波フェミニズムもまた、無意識のうちに前提としてしまう偏見を攻撃の対象にしました。そのような攻撃的性質からこの第三波は「ラディカル・フェミニズム」と呼ばれます。

イプセンが劇作を発表したのは一九世紀の終わりです。ロンドンではマチネ公演が始まり、多くの女性たちに観劇の機会が与えられましたが、イプセンの一八九九年の『ヘッダ・ガーブレル』のマチネ公演は大ヒットとなり、多くの女性たちの共感を呼んだことが明らかになっています。

イプセンの上演は第一波フェミニズムと重なりますが、彼の作品には声高に参政権を求める女性などは出てきません。むしろ前近代的な迷妄にとらわれ苦悩する女性たちの姿が描かれます。もうひとつの彼の代表作『人形の家』(一八七九)では、弁護士ヘルメルとノラの幸せな夫婦の家庭が舞台となります。ヘルメルの部下クロクスタが解雇された腹いせに、過去の罪をネタにノラを脅迫することから物語に暗雲が立ち込めます。ノラは自らを、そして家庭を守ろうとします。結局は大過なくことを乗り越えることができたのですが、そこでノラは夫の本性を知ってしまいます。重要なのは、ヘルメルが決して、愛情のない人間として描かれてはいないという点です。彼は慈愛にみちた人間で、妻のことをも守ろうとします。しかし、ノラは一連の騒動の中で、彼の愛が庇護の愛であることを知ってしまうのです。そしてノラは、夫と子どもたちを残し家を出る決意をするのです。

この結末は当時の人々にとってはとてもショッキングなものでした。いわゆる「人形の家」論争が巻き起こるのですが、その大半は「女が夫と子供をおいて家を出るなんて」と、ノラの決断を批判するものです。フェミニズム第一波が同時期にあったとはいえ、一九世紀の社会はまだ男性中心の社会です。男は外で働き、女は家を守るというステレオタイプが強く働いていました。「社会」、つまり家庭の外側に存在する多様なコミュニティは基本的には男性のもので、女性にとっての社会が存在しなかったといっていいかもしれません。

『人形の家』において、ノラはクロクスタとの交渉をつうじて家庭を守る術を学びます。それは彼女に家庭を「社会」としてみる機会を与えます。彼女にとって、家庭というプライベートな空間がパブリックな空間へと変容するのです。しかしヘルメルはそのような変容を認めません。ヘルメルにとって家はあくまでもプライベートな空間なのです。庇護の愛の正体とは、女をプライベートな空間に囲うことでもあったのです。ノラの家出は、したがって、単なる家出ではなく、ヘルメルから押し付けられる庇護によって閉じ込められるプライベートな空間からの脱出であったのです。

フェミニズムはまず法的な平等への訴え(第一波)から始まり、次に会社、教育機関、家庭での平等を目指しました(第二波)。しかし演劇では、むしろ家庭における女性の位置を問い直すことから始まりました。演劇が英雄を通じて共同体を描くことから、徐々によりパーソナルな絆に焦点を当てていくうちに、もっとも卑近な問題として家庭の問題がクローズアップされました。それとともに、フェミニズム的な問題も提起されたのでしょう。時代の要請に対応しようとする演劇と、社会的な動向として生まれたフェミニズムがここで交差したのです。本書では詳らかにすることはしませんが、特に二〇世紀後半に「パフォーマンス・アート」が生まれて以降、演劇とフェミニズムの親和度はとても高くなってきます。そのきっかけとしてまずはイプセンの社会劇があったことをここでは強調しておきたいと思います。

## 自然主義演劇のキャラクター

イプセンの女性たちは、規範からの脱出、型にはまらない個人の誕生を象徴します。彼女たちは社会的役割ではなく個人として生きることを望みます。それはまた同時に演劇的慣習を破る試みでもありました。階級や性別、職業に依存しないで人物そのものを描く必要が出てきたからです。先に述べたように、それまで演劇は貴族や将軍などの英雄的人物を描くことを慣習としてきました。その人物の生死は、それが代表する共同体の命運を左右するものでした。共同体の象徴であるとともに、その関数として英雄が描かれていたということです。

自然主義演劇の影響は英語圏にもおよびます。イプセンの芝居が英訳され、イギリス演劇の伝統を大きく揺さぶったのです。当初はその救いのないような現実を赤裸々に描くリアリズムにたいする反発がありました。またそれまで彼らが馴染んでいた演劇的慣習とは異なる演劇への違和感も表明されました。イプセンの戯曲を英訳し、イギリスに紹介した劇評家のウィリアム・アーチャーは、「本当のイプセン」(一九〇一)で次のように弁護します。

しかしイプセンの「田舎者的偏狭さ」批判の背後には、我々こそ文明の中心だという幻想にすぎないもの以上の何かが、実は隠れている。それは多くの場合(コートニー氏の場合はそうではないかもしれないが)、芸術が理解できない単なる俗物根性である。現代生活を扱う場合、近年の英米の舞台は、必ずと言っていいほど地位があったり富があったりする人々を描くことに邁進している。我々は劇場で貴族や大富豪の世界に触れることに慣れ親しんでいるのであり、もし中産階級の生活でも良しとするとなっても、その外的特徴において、上の階級の人々の振る舞いの猿まねをするだけの連中になる。イプセンが描くノルウェイ社会は明白に中産階級的である。たとえば、彼の戯曲にはただの一人も生き生きとした召使いなど登場しない。ヘッダ・ガブリエールは使用人を雇おうとするが、夫はそんな無駄遣いなどできないと即座に断固、拒否するのである。(★8)

ここでのアーチャーの論点は二点あります。ひとつは、イギリスが、少なくとも芸術の世界では中心ではなくなったということ。イプセンの戯曲を「田舎者的」と批判するものは、このような芸術的布置の変化に気づいていないか、過剰に反応した「俗物根性」の持ち主ということでしょう。もうひとつは、演劇の世界に中産階級(大衆)が描かれるようになったという点です。掃除や炊事などの家事を自分たちで行なう家庭の描写は、貴族や大富豪を中心に展開する演劇の伝統とは大きくかけ離れたものです。それを批判することは、現実社会の変化に気づかず、形骸化した慣習に固執するだけの石頭ということなのでしょう。

イプセンの社会劇は、共同体を代表し、その命運を象徴するような英雄的人物の代わりに、新しくできあがった大衆社会において自分の場所を見つけられないひとを主人公に選びます。それは演劇史における大転換でしたが、それはイプセンのみによって成し遂げられたというよりは、同時代の劇作家たちの共同作業と考えるべきものです。たとえば、エミール・ゾラは「演劇における自然主義」で、自然主義演劇に、抽象的に造形された登場人物を排し、「嘘を交えず科学的に分析された、肉と骨を備えた人間をしっかりと舞台に立たせること」(★9)を期待します。ここでゾラがいう「人間」とはどのようなものでしょうか。別のところで彼は「人間はもはや知的な抽象物ではなく、自然がこれを決定し補うものとなる」(★10)といいます。「知的な抽象物」とは、社会の関数として算出されたような、またプロットを展開する上での便利なコマとなるように人物を造形することでしょう。それにたいして、「自然」によって決定された人間とは、プロットの展開とは関わりなく、実際に生活している同時代人への取材から造形されるような人物のことです。

またヨハン・アウグスト・ストリンドベリは「『令嬢ジュリー』序文」で、それまでの演劇の登場人物を「レディメイド」だと批判したうえで、これからは明確な記号によって特徴づけられない、様々な断片の結合であるような登場人物を作らねばならないといいます。

それ故私は、単純な演劇的性格というものをぜんぜん信じない。精神複合体のいかに豊富であるかを知り、また「悪徳」が非常に「徳」に似た反面を持つことを感じる自然主義者は、残酷だ

とか、嫉妬深いとか、吝嗇だとかいう、人間に対する作者の一括的な判断とあくまでたたかわなければならない。(★11)

ストリンドベリが批判をしているのは、吝嗇家、悪人、お人好しなど、人間をひとつの特性に還元してしまうような造形方法です。特性を表す記号として人間を描く方法は、現実に生きる人間の複雑さを無視するものです。貴族などを頂点とする階級制度が堅固だった時代は、階級や職種が人間を表す重要な属性でしたが、そのような階級制度が崩壊し、大衆社会にとって代わられたとき、もはや階級や職種は人間を描くための重要なファクターではなくなります。そのときに、性格の複雑さによって人間を表現する方法が多くの劇作家によって模索されたのです。

自然主義劇作家が描こうとしたのは、身分や財力等による威光をもたない人たちです。共同体の運命を担う代表者というよりは、社会の変化に翻弄され、打ちのめされる弱者です。彼、彼女らは平凡な存在に過ぎないのですが、いや、過ぎないからこそ、とても魅力的に輝いてみえます。平凡な大衆のひとりだからこそ、身分や財力という記号に回収されない「個性」が与えられます。階級などの外的な特徴ではなく、その人が本来的に持っている内的特徴によって他のものから弁別可能な人物たちが描かれるようになります。

興味深いことに、ゾラのエッセイもストリンドベリの序文もフランス革命(一七八七―九九)についての言及があり、それが自然主義演劇の変革につながったことを示唆しています。フランス革命はもちろん近代ブルジョア社会の成立の契機となるとともに、諸国民の春(一八四八)の遠因となり、「国民」の誕生を促した大事件でもありました。ゾラとストリンドベリは、そのような大きな変革が、一九世紀後半に新しい演劇が生まれる下地としてあったことを示唆しているのです。

# 第七章　キャラクター主導のナラティブ

## プロット／キャラクター

前章では、自然主義演劇の勃興とともに、複雑で個性的な登場人物を描くことが重要になってきたことを論じました。ここではそれを演劇史のより大きな射程において検証してみたいと思います。

そもそも演劇とは筋、プロットを描くものでした。アリストテレスは『詩学』第六章の冒頭で、悲劇について定義しようとします。この場合の悲劇とは、喜劇を除く劇全般と同意と考えていいでしょう。アリストテレスはその要素を次の六つに特定しています。「このようにして、およそ悲劇の構成要素は六つなければならず、それらの要素の一つひとつがどうあるかによって、悲劇の質が決定せられる。それらは、すなはち、以下の通りである。(一)筋(ミュートス)、(二)性格(ユートス)、(三)語法(レクシス)、(四)思想(ヂアノイア)、(五)外観(オプシス)、(六)音楽(メロポイイア)[★1]」。「筋」とはプロットのこと、「性格」はキャラクターのことと理解すればいいかと思います。また、「語法」はレトリック、「思想」は作品が伝えようとするメッセージ、「外観」は役者の表情やしぐさ、「音楽」は、コロス(コーラス)の合唱と大まかに理解しておけばよいでしょう。重要なのはこれらの諸要素のなかでアリストテレスがなにを重要視しているかということです。

しかしながら、これらの中でも、劇の筋となるところの、もろもろの出来事の組み立てが、最も大切である。何故ならば、悲劇とは人間を再現するものではなく、出来事のつながりとしての行為と人生とを再現するがゆえであり、また幸福も不幸も行為に存するため、再現の課題は何らかの行為なのであって、人間をあらわす道徳的性質なのではないからである。確かに、人間はその性格によって或る一定の道徳的性質をうるのであろうが、人間が幸福であるかその逆であるかの定まるのは、行為によってである。したがって、役者はおしなべて登場人物の性格を再現することを目的として演技的行動をするのではなく、ただ、その再現目的たる行為によって性格をも併せ含ませてしまうのである。それゆえ、一聯の出来事、すなわちミュートスこそが悲劇の目的であり、そして目的はあらゆるものの中で最も大切なものである。(★2)

アリストテレスは「筋」が最も重要だといいます。なぜならば、悲劇の本質は物事と行為の再構成だからです。物事と行為が再現されて初めて性格も人間性も表現されるとアリストテレスはいいます。演劇とは先ずなによりもプロットをみせるものであったわけです。

アリストテレスが個々の登場人物の性格を悲劇全体の筋よりも下に置くのは、「悲劇は人間の再現ではなく、行為と人生の再現だから」です。アリストテレスは人間の幸、不幸はその人間の性格よりも行為によって決定されると見ています。そのため、悲劇は登場人物の個々の性格を再現するだけのものであってはならないのです。「悲劇は、行為なしには成立しえないけれども、性格なしにでも成立しうる筈である」[★3]という言葉にアリストテレスの考えは、簡潔にまとめられています。

思えば、ニコラ・ボワローの三一致の法則も、フライタークの五部三点論も筋を構成するための理論でした。いくつかの例外もあるのですが、劇作の多くは筋や構成を主眼に置き、登場人物はあくまでもその筋を円滑に進めるためのコマに過ぎなかったのです。現実的に考えると、行為の背後にはその人物の性格や思想があると考えることは当然です。主体的に考える人間があって、その結果として行為があるという考えは、正しいかどうかは別にして、西洋思想の長い伝統の一部であり続けてきました。しかし演劇は、このような考え方を逆行し、まずプロットを設定し、そのなかでそれぞれの登場人物の行為が決定されてきたのです。

一九世紀の終わりから二〇世紀の初めにかけての、劇作術の変化は、通常、プロット主導のナラティブ(Plot-Driven Narrative)から、キャラクター主導のナラティブ(Character-Driven Narrative)への転換と説明されます。これは小説を含めた文学ジャンル全般にたいしていわれますが、演劇にたいしては殊更的確な説明だと思われます。たしかにこの時期に、一幕から五幕までの起承転結を意識しなければならないという作家への圧力は弱まり、より自由な形式の戯曲が増えてきます。また、簡単には理解できない複雑な心理をもった登場人物が前景化されるようになります。もちろん、それ以降プロット主導のナラティブはなくなり、すべてがキャラクター主導のナラティブとなったというわけではありません。二〇世紀以降もプロット主導のナラティブは書かれ続けたし、また逆に一九世紀以前にもキャラクター主導のナラティブの傑作はありました。ただ世紀の変わり目の前後に、その時代を象徴する劇作がそれまでとは異なった文法と論理で書かれていたということです。

複雑な心理は、プロットからの逸脱を意味しました。物語の流れに解消しえない個性を持った登場人物を描くためには、まずプロット重視の劇作法を否定する必要があったのです。イプセンやチェーホフらの作品のプロットは、登場人物の不可解な心理によって分断されます。イプセンの『ヘッダ・ガーブレル』のヘッダの絶望の原因が作中できちんと説明されることはありません。彼女は周囲の人間を陥れ、それがうまくいかないとわかると最後は自殺してしまいます。そのような動機は作品の構造によって十分に解説されているとはいえません。チェーホフの『かもめ』で、ニーナが退場したあと、トレープレフが自殺を決断する要因がなんであったのか作品は教えてくれません。それはあくまでも謎としてわたしたちの心に残り続けます。その謎を解くために作品の解釈があります。そしてこのような解釈の延長線上に演出家の仕事があります。

ヘッダや『人形の家』のノラは女優たちが競って演じたがる役柄といわれています。その魅力のひとつは彼女の心理を理解することが困難であったことに存します。演技とは(そして演出とは)そのような理解困難なものを理解可能なものにするためのものとして考えられるようになったのです。その複雑さを解釈と演技によって溶解させたいという欲望が女優と演出家の好奇心に火を点けたのでしょう。

このような演技と演出の欲望が女性登場人物に集中した理由は、時代状況に照らし合わせて考える必要があります。ヘッダやノラは、女性の役割が限定されていた時代には考えられなかったような性格を持ち、行動をします。オスカー・ワイルドの『サロメ』(一八九一)は残酷な欲望をもつ美少女をヒロインにした戯曲です。エロティックなダンスが披露されるこの舞台は、男性客よりも女性客を多く集めたといいます。サロメの理解不可能な欲望が女性たちの共感をよんだのです。ヘッダ、ノラ、サロメの言動は、それまでのステレオタイプ的女性像をもとにするならば理解不可能でしょう。そのようなステレオタイプ的女性像のコアを作り上げたのは男性を中心におくような社会です。理解不可能な女性たちを、女優たちが演じたがった時期に、フェミニズム第一波が起こったことは決して偶然ではないのです。

## キャラクターへの注視

小説家として有名なE・M・フォースターは、『小説の諸相』(一九二七)のなかで「フラット・キャラクター」と「ラウンド・キャラクター」の区別をします。前者は特定の概念によってすべて説明されてしまう登場人物のことです。その単純さはある種のタイプを代表するものであり、物語の構造(プロット)に従属した存在です。それにたいして「ラウンド・キャラクター」は作品内で成長、変化し、ひとつの概念では説明しきれぬ多様性を持った存在です。フォースターは、一九世紀から二〇世紀にかけての小説の変化を「フラット・キャラクター」から「ラウンド・キャラクター」への転換という観点から説明をしています。それは別の言い方をするならば、プロット主導のナラティブからキャラクター主導のナラティブへの転換です。フォースターは小説について述べていますが、これは演劇に関してもより明確に検証することのできる現象です。

一九〇四年にA・C・ブラッドリーの『シェイクスピアの悲劇』という本が出版されます。これは彼がオックスフォード大学で担当した講義がもとになった書物です。二一世紀現在のシェイクスピア研究にも影響を及ぼし続けている偉大な研究書ですが、あまり評判がよくないことも事実です。というのもそれが主眼としているのは、作品分析というよりは登場人物の心理分析であり、ときには虚構と現実を区別せず、登場人物を生身の人間のように扱っているからです。たとえば、第三講義の第四節の冒頭にハムレットの心を分析した個所があります。

「メランコリー」は、覇気のないことでも正気を失うことでもないとわたしはいった。ハムレットが正気を失った様態と近い状態にあることは、考えうることだ。彼が狂気を装っているとして、それは以下の理由が考えられる。現実への恐怖、自己保身の本能、そのように装うことが、彼の精神と頭にのしかかっている重荷を語る術を授けてくれると予感していること、そして、そのように語ることが押しとどめることができないのではないかという恐怖。もし病理学者がハムレットの状態をメランコリーと言明し、その種類をも決定しうるのであれば、わたしはそれに反対はしない。むしろ、私は、ハムレットのメランコリーが単なる心の抑鬱状態とは異なるという事実を強調してくれたことを、その病理学者に感謝さえする。そして、もし精神病に関する書物のその項目を読んだならば、この戯曲を読んだものが、より深くそれを理解するであろうことに疑いをいれない。〔中略〕『ハムレット』をメランコリーの研究と呼ぶのは滑稽なほど不当であろうが、しかしそれはそれを一部に含んでいる。(★4)

ブラッドリーは、病理学者よろしくハムレットの病を診断していきます。そして精神医学の書をこの作品の最良の参考書とまでいいます。ハムレットの病を「メランコリー」と分析することで「主要な事実、つまりハムレットの無為が説明される[★5]」と結論します。このような論じ方が典型的ですが、ブラッドリーは登場人物の行動のコアとなる心理状態を仮定し、そこから様々な行動を矛盾なく論じようとします。逆の言い方をするならば、様々な行動を合理的に説明しうる心理を抽出しようとするわけです。

このようなブラッドリーの解釈が、「悲劇は、行為なしには成立しえないけれども、性格なしにでも成立しうる筈である」というアリストテレスの考えと大きく異なることは明らかです。また、文字情報によって構成される虚構の人物に心理を与え、その行動に論理的な説明を試みる方法が、スタニスラフスキーの演出法、とくに「サブテクスト」と近いものがあることがわかります。プロットよりもキャラクターを重視する見方は、キャラクターを現実に存在する人物であるかのように扱う態度へと繋がっていきます。研究での動向(ブラッドリー)と、演劇の現場での要請(スタニスラフスキー)が一致して、登場人物を平面的な世界から、立体的で実体的な世界へと連れ出そうとします。

演劇作品に対するこのような見方の変化は、個別的な事例というよりは多くの演劇関係者、作家、文化人にみられるものと考えるべきでしょう。たとえば、詩人のT・S・エリオットに有名なエッセイ「ハムレット」(一九一九)があります。

『ハムレット』は、シェイクスピアのソネットと同様に、作者が光を当てることができない素材、観照することができない素材、芸術として扱うことができない素材に満ち溢れている。その気持ち(feeling)を探そうとしても、ソネットと同様に、突き止めることは難しい。(★6)

エリオットは『ハムレット』は駄作だといい、まとまりがないということをその理由としてあげます。たしかにハムレットの言葉と行動には一貫しない部分が多々あることは以前からも指摘されてきました。それらの矛盾を止揚し、まとめ上げるようなコアとしての「気持ち」、つまり「心」がないとエリオットはその問題点を指摘します。

このエッセイはまた、難しい表現で有名です。「客観的対応物」という言葉も難解な表現として非常に有名ですが、それもこの文脈で登場します。

芸術の形式で感情を表現する唯一の手段は「客観的対応物」を見つけることである。別の言い方をするならば、特定の感情の受け皿となる一連の対象物、状況、出来事を見つけることである。感覚的な経験に至るべき外在的な出来事が与えられて感情が即座に喚起される。(★7)

まずエリオットは、ハムレットの感情の大きな揺れにたいしてその原因がよくわからないといいます。それはその感情の変化に対応する出来事、物事(客観的対応物)がないからだといいます。そのように目に見える事件や事物をとおして、観客や読者は登場人物の心理を知るのです。

エリオットの批判は、キャラクターとプロットが対応していないと言い換えることができるでしょう。ハムレットの定まらない感情の動きを合理的に説明する心理(キャラクター)もなければ、その原因と推定しうる事件や物事(プロット)もありません。両者のあいだに大きな乖離があることをエリオットは批判しているのです。その批判が正当なものかどうかは別にして、このような視座が出てくるのは、戯曲を考えるときに「キャラクター」という視点が前景化されてきたからにほかなりません。やや脱線するかもしれませんが、D・H・ロレンスの「シェイクスピアを読んだとき」(一九二八)という詩を参照してからこの章を閉じたいと思います。

シェイクスピアを読んだときは驚いた
あんな平凡な人間が物思いに耽ったり、怒号をあげたりするのに
あんなに美しい言葉を使うとは
〔…〕
なんてつまらない、ちっぽけな人間をシェイクスピアは描いたんだ
言葉はあんなに美しい! ガス火のヤニからとれる染料のごとくに。(★8)

ロレンスは、シェイクスピアの描く登場人物がとてもちっぽけで平凡であると強調します。それにも関わらずとても美しい言葉で語り、考えることのアンバランスさがこの詩では歌われています。ガス火のヤニから染料がとれるというのは、そのような陳腐な人間の口から壮麗な言葉がでてくることを皮肉っている表現です。ロレンスのこのようなアイロニーは、キャラクターをプロットから分離し

て、それを評価する視点によって初めて可能になります。プロットに注視し、キャラクターをその一部とみなす視点からは決してそのような見方はできません。なぜならば、キャラクターのコアとしてその心理を仮定し、そこから言動を評価することが性格と言葉の齟齬を照らし出すからです。

# 第八章　ピランデッロから不条理へ

## ピランデッロ『作者を探す六人の登場人物』

前章でみたように、世紀の変わり目に、演劇を論じる力点がプロットからキャラクターへと移ります。多くの作家、批評家がキャラクターに焦点をあてて、戯曲を分析するようになります。物語を展開させるコマとしてではなく、現実を生きる人間のように、心をもった存在として考えていくのです。それは演出家の仕事が明確になった時期と一致します。スタニスラフスキーは、物語の展開ではなく、登場人物の心理を基点に演技指導をしました。その視点から初めて、紙面には現れない登場人物の性格や考えを浮かび上がらせることができたのです。

このような演劇にたいする新しい見方は、実際に戯曲を書く劇作家にも影響を与えるようになります。ルイージ・ピランデッロというイタリア人作家の『作者を探す六人の登場人物』（一九二一）という戯曲をみてみましょう。一九三四年にノーベル文学賞を授賞したこの作家は多くの戯曲を残していますが、最も有名なのがこの作品です。これはある演劇作品のリハーサルを舞台にした作品です。その稽古の風景で幕が上がるとき、俳優とスタッフと演出家がかなりラフな雰囲気でリハーサルをしています。そこに六人の人物が登場し、舞台に闖入します。

**座長**　（再び怒って）今稽古中なんだ！　稽古中はだれも通すなといってあるでしょう！

（客席の奥へ向かって。）

どなたですか、ご用件は何ですか？

**父親**　（前へ進み出て、階段のところまで来る。他の者も続く）私どもは作者を探しております。

**座長**　（驚きと怒りと半々で）作者ですって？　どんな作者です？

**父親**　どんな作者でも結構です。

**座長**　ここには作者はおりません。新しい芝居の稽古ではありませんからね。

**継娘**　（急いで階段を上がり、はしゃいで）そのほうがいいのよ、先生！　あたしたちがあたらしい芝居なのよ！

〔中略〕

**父親**　（座長に）あなた様が作者になってくだされればいいのですが。(★1)

この作品のユニークなところは、この闖入者たちが作者によって捨てられ、物語という居場所を失ってしまった登場人物だと主張する点です。作者に捨てられた悲劇を補填し、その物語を完結してくれる作者を求めているといいます。そしてその役割を演出家（座長）に求めるのです。

演出家の誕生をめぐる本書において『作者を探す六人の登場人物』は最も重要な戯曲です。なぜなら、作者に代わり演出家（座長）が大きな役割を占めるようになった演劇史の大変化そのものを戯画的に描いているからです。登場人物たちが求めているのは自分たちの悲劇に結末をつけることですが、それを紙面ではなく舞台上で完結させることを求めます。それは演劇において演出の重要性が認知されてきたことを意味するだけではありません。プロットではなくキャラクターこそが作劇の中心となることを指し示しているからです。

自分たちの物語の上演を求める登場人物の熱意に押され、演出家は急遽、その物語を俳優たちに演じさせます。次に引用するのはその際のト書きです。

〔座長は〕舞台の印象を見るために再び舞台を降りる。舞台奥のドアが開いて、主演男優が進み出る。年配の洒落者といった、気さくで、悪戯っぽい態度をよそおう。俳優たちによる芝居は最初はせりふから別物という印象を与える。しかしパロディの印象をほんの少しでも与えてはいけない。むしろ飾り立てたという印象を与える。父親と継娘は当然ながら主演男優と主演女優それぞれに自分自身を見ることが出来なくて、自分の言葉が発せられるのを聞いて、ある時は仕草で、ある時は微笑みやあからさまな抗議などの方法で、いろいろと感じた印象を、すなわち意外や驚きや苦痛等々の気持ちを表す。(★2)（〔〕内は筆者による）

ここでは俳優たちの演じる自分たちの物語を、あれこれと文句をつけながら眺めるキャラクターたちの様子が語られます。物語が即興的に舞台の上で作られること、そしてそれが劇作家の不在でなされることが重要です。しかしそれよりも重要なのは、作者の代わりにキャラクターが、物語がきちんと再現されているかどうか監督している点にあります。キャラクターがプロットを飛び出し、自己主張をすることは、プロット主導のナラティブからキャラクター主導のナラティブへのシフトチェンジに対応しています。『作者を探す六人の登場人物』は、近代演劇史の大きな変革をコミカルに描いた作品といえるのです。

### キャラクターのもたらしたもの

自らの物語を求めてさまようピランデッロの登場人物は、プロットをまず作り、その構成内に登場人物たちを配置する従来の劇作法を揶揄する存在です。それは現場（舞台と演出）の重要性と、プロットにたいするキャラクターの優位を示します。ここに暗示された作劇方法は、それ以後の演劇の前衛となってきます。

『作者を探す六人の登場人物』の数年前に、ジョージ・バーナード・ショーは『ピグマリオン』（一九一三）を発表しました。これはオードリー・ヘップバーンが主演した映画『マイ・フェア・レディ』（一九六四）の原作として有名です。ヒロインのイライザの粗野な言葉づかいとコックニー訛りが矯正される過程を描くこの戯曲の終盤で、イライザは矯正を手助けしてくれた言語学者ヒギンズではなく、別の男性との結婚を選択します。その結末に関して様々な異論がありました。イライザはヒギンズと結婚させるべきだったという意見がその主なものです。それにたいして、ショーは一九一六年に発表した「後日譚」で次のように主張しています。

様々な方面の人々が一様に、ただイライザがロマンスのヒロインになったからというだけの理由で、物語の主人公と結婚したに違いないと決めつけてきた。これには我慢ならない。浅はかな思い込みで演じられたのでは彼女のせっかくのドラマが台無しにされてしまうからというだけではなく、広く人間性というもの、特に女性の本能というものが分かっている者にとっては、物語が真に向かう方向は歴然としているからである。(★3)

ショーはここで「ロマンス」というプロットと「女性の本能」というキャラクターを対置しています。ロマンスという枠組みに屈しないものとしてイライザの個性を擁護しているわけです。ショーの意図は、ロマンスの大団円を描くことではなく、教師の熱意を愛情と勘違いしないイライザの賢明さを全面に出すことだったのです。

「ピグマリオン」とはもともとはギリシャ神話に登場するキプロスの王の名前「ピュグマリオーン」です。理想の女性ガラテアを彫刻したピュグマリオーンはそれに恋をしてしまいます。かなわぬ恋に憔悴するピュグマリオーンを哀れに思った女神アプロディーテーは、ついにガラテアを人間にし、ピュグマリオーンの恋を成就させます。ピュグマリオーンの願いをかなえるアプロディーテーの役割は、ロマンスというプロットの完成です。ショーの『ピグマリオン』は、そのような男性の理想(ステレオタイプ)化というプロットにたいして、女性の自立を訴えたものでした。このようなショーの考え方は、イプセンの社会劇の影響下にあるといってもいいでしょう。オードリー・ヘップバーン主演のミュージカル映画版が、このようなショーの意志に背くロマンチックなエンディングとなってしまったのは、よく知られたことです。

次章で詳しく取り上げる、ドイツの劇作家・演出家のベルトルト・ブレヒトもまた、劇的なプロットの有効性に疑問を呈した作家です。彼の代表作『三文オペラ』（一九二八）はイギリスの劇作家ジョン・ゲイのバラッド・オペラ『乞食オペラ』（一七二八）の翻案です。強盗団の頭領（メッキース）、ホームレスを束ねるボス（ピーチャム）、メッキースとつるむロンドン警視総監（ブラウン）などひと癖もふた癖もある連中によって繰り広げられるこの音楽劇は、通常の演劇プロットからするとかなり変わった構造を持っています。メッキースは一度ならず二度逮捕されるのですが、この冗長性をブレヒトはテクストにつけた註のなかで次のように説明しています。

この場面はつまり、全く直線的でダイナミックな劇のように、観念を先行させて、観客をつねに特定の目的――ここでは主人公の死――にまっしぐらに進んでいきたい気持ちにさせようとする古典劇からみれば、まわり道ということになる。古い劇の場合はいわば何かを見せるとますます次が見たくなってくるという気持ちをつくりあげ、観客がただただ感情的に芝居にどんどんひきこまれていくために〔中略〕直線的にこうでなければならなかった、というふうにストーリーが進行することを必要とするのである。観客のこのような感情の投入にはまったく関係がなく、唯物論的な立場をとる叙事的な劇作法は、劇の目指す目標などは与りしらぬことで、承知しているのは終りがあることであり、こうでなければならないという必然性にしても別の考え方をしている。つまり劇の経過は直線ではなく、曲線を描いて進行し、ときには飛躍して進行することもなければいけない、という必然性だ。ダイナミックで、観念的な方向をもち、個性を扱う劇作法は、その発生時(エリザベス朝時代)にはすべての決定的な点において、二百年後のドイツの似非古典よりラディカルなものだった。ドイツの古典では演じられるべき対象の活力と、演技そのものの活力がとり違えられ、人物の〈個性〉というものも「枠にはめられて」しまった。[★4]

ブレヒトはメッキースの二度の逮捕が劇の直線的な構造を妨害する要素であることを認めつつ、それが必然的なものであることを述べています。終幕に向けて突き進むような作劇は、ジェットコースターのように観客を巻き込み、舞台に感情移入させることを目的としていますが、ブレヒトはそもそものような感情移入を否定します(本書第九章参照)。重要なのは、そのような直線的な構造にたいして、キャラクターの「個性」が考えられている点です。「エリザベス朝時代」とは、ゲイが『乞食オペラ』を執筆した時代を指していると思われます。それが演劇のラディカルな試みがなされた時代だというブレヒトの断定には留保が必要ですが、それにたいして一九二〇年代のドイツ古典劇では「個性」は「枠にはめられて」しまったという彼の主張が重要です。彼は同時代のドイツ演劇の多くが、プロットを優先し、個性的なキャラクターを描き切れていないことを難じているわけです。

ブレヒトは非常に意識的に、プロット主導のナラティブにたいして、キャラクター主導のナラティブの優位を訴えています。彼ほど意識的ではないかもしれませんが、そのような劇作法は他の作家にも共有されていきます。たとえば、それは本書第一一章で論じる不条理演劇の作家たちの執筆方法も近いものがあります。一九五〇年代に登場したイギリス人劇作家ハロルド・ピンターは、代表作『バースデイ・パーティ』(一九五七)の執筆について次のように語っています。

私はなにをしたのだろうか? 指示に従い、私自身が落としたヒントに鋭敏な目を光らせていただけである。書いた言葉は勝手に何の苦もなく演劇的な言葉になっていく。登場人物の言葉が私の耳に響いてくる——どのタイミングで、誰が何をいい、他の者がどのように答えるか私には明らかだった。例えば、やらせたいと思うことを登場人物がやろうとしないか、できないかも明らかだった。技術的な側面においてのみ私は登場人物に介入した。私の仕事は、いかなる時においても彼らの一貫性を、外部からのわたし自身の考えによって損なわないようにすることだった。(★5)

インスピレーションを尊重するようなピンターの作劇法は、ロマン主義的な精神への回帰にみえますが、ここでは近代演劇史の文脈で考える必要があります。作者の意図とはまったく関係なく生まれ、話し、行動する登場人物は、プロットに配置されることを拒否しているのです。ここでのキーワードは「一貫性(consistency)」です。これは演劇においてはプロットに用いられることの多い表現ですが、ピンターはそれをキャラクターに用います。しかもそれは作者が整えるものではなく、むしろ作者の配慮を排除したところに存在するものです。

同じエッセイの中でピンターは次のようにも語っています。

その演劇は今やわたしの手から離れて存在する。あなたからも誰からも離れて存在する。舞台上で起こっていることは強力な劇的イメージを有しており、その多くは目に見えるものとなるでしょう。(★6)

ここでのピンターの主張は逆説的です。本来は劇的(dramatic)とは起承転結などプロットの展開を修飾する言葉ですが、ピンターは舞台上に起こることこそ劇的だといいます。それが「目に見えるもの」であるということは、作者の筆を離れて、つまりその権限から独立して存在する舞台空間を尊重した発言です。作者の意図ともプロットとも関係なく存在するものこそが劇的だというのです。同じ時期に登場したアメリカの劇作家エドワード・オールビーの発言もまたその意味でとても興味深いものです。

ときどき自分の戯曲を書いているとき、登場人物が、わたしが知っていると自覚していないことを話しだすことがあります。明らかにわたしは知っていることなのですが、意識の上では自覚していなかったのです。登場人物たちは、わたしの知らないことを知っているはずはありません。でも彼らは、わたしが意識しないまま知っていたことに関して、わたしがたどりついていた結論を教えてくれることがあります。(★7)

オールビーはここでキャラクターを無意識あるいは潜在意識と関係させて論じています。それは作家の意識化されない考えを言語化してくれる存在です。したがってキャラクターは劇作家の自己探求の手助けをする存在でもあるのですが、なによりも作家の意図から、そしてもちろん既成のプロットからも自立した存在であることがわかります。作家の意図とプロットが「意識」だとすれば、キャラクターは「無意識」です。精神分析に依存した分類ですが、戯曲執筆のパラダイムチェンジをうまく説明しうる表現です。無意識としてのキャラクターはときに作者の意識を超えた知見をもたらし、それが作品を統合する原理となっていくわけです。

### キャラクターのまとめ

本章の最後に、プロット主導のナラティブからキャラクター主導のナラティブへのシフトチェンジに関連する問題を二点まとめてみたいと思います。一点目は、同時期に確立した演出方法との親和性です。スタニスラフスキーの方法はプロットではなくキャラクターに焦点を当てることを起点にしていました。そのような現場での要請に対応するように、プロットにおさまらないようなキャラクターを登場させる戯曲が生まれてきたのです。

二点目は作者と作品の関係の大きな変化です。もはや所有者と被所有物という関係ではなく、作者はあくまでも作品の外部に位置づけられるようになります。ここから演劇における演出家の役割が大きくなってきたという事実を読み取るのはそれほど難しいことではないでしょう。作者の意図や権限から切り離された登場人物は、積極的に解釈を受け入れる存在となります。むしろそのような解釈によって初めて完成する存在です。

ピランデッロはそのような変化そのものを戯曲にし、ピンターとオールビーは新しい演劇の可能性をその方向に推し進めた作家です。ところで不条理演劇の多くの作品は、作家の意図を超えるだけでなく、解釈そのものを超越してしまうようなキャラクターを登場させます。ここでまた作品と演出家の関係は一新されるのですが、これは後述します。

キャラクターが主導するナラティブの主流化は、起承転結、あるいは三一致の法則や五部三点論のようなプロットが、物語を構成するための装置として説得力を持たなくなってしまったことを意味します。複数の個性豊かなキャラクターたちの言動をまとめあげるストーリーがもはや成立しないということかもしれません。そのようなプロットの衰弱は演劇だけでなく、社会全体にあまねく見受けられる現象になっていきます。たとえば、ポストモダニズムという言葉が流通する時代が、一九六〇年代にやってきます。その定義は様々ですが、多くの場合「大きな物語の終焉」と称されます。一九世紀まで、西洋を中心とした世界は啓蒙主義、技術革新、マルクス主義などの「大きな物語」を共有していました。努力を続けていけば、知識を積んでいけば、全世界が幸福になれるという幻想がその根底にはありました。

しかし科学技術の集大成は、第一次世界大戦、第二次世界大戦をより悲惨なものとしてしまいます。帝国主義、植民地主義の破綻は西洋中心的な知のあり方の批判となります。第二次世界大戦後はそれまで帝国列強の植民地だった国が、独立しナショナリズムの時代となります。一九四五年に国連発足したときに五一国だった加盟国数は、二〇一一年には一九三国となります。国の数が増えれば増えるほど、ビジョンは多様化します。それらをくくる「大きな物語」はもはやありません。ポストモダンという言葉が流通した背景にはそのような事実があります。そのような時代を予告するかのように、演劇では多種多様なキャラクターがプロットの破算を宣告します。彼、彼女らはもはや既存の物語に属するのではなく、自分たちの物語を語り始めるのです。

# 第九章　反カタルシス――ブレヒトの演劇革命

## ブレヒトのキャラクター論

前章で考察したのは、二〇世紀においてキャラクター主導のナラティブが主流になってきたということです。それは別の言い方をすれば、プロット主導のナラティブが説得力を持たなくなったということです。以後演劇はこのようなプロット批判とともに展開していくことになります。もちろん先行する形式を批判しながら、自らを正当化することは、他の現代芸術ジャンルでもよくみられる現象ですが、特に演劇においては顕著でありました。戯曲が何度も上演される慣習において、演出家が独立した職能となり、名作といえども解釈、再解釈をすることが不可欠の工程となりました。それがこのような批判を涵養していったのでしょう。

すでに前章で簡単に確認しましたが、演劇のプロット批判を最も果敢に断行したのはベルトルト・ブレヒトです。ドイツ出身の詩人、劇作家、演出家であるブレヒトは、ミュンヘン大学時代より文学活動を始め、『夜うつ太鼓』（一九二二）で一躍脚光を浴びます。代表作には『三文オペラ』（一九二八）、『肝っ玉お母とその子供たち』（一九四一）、『ガリレイの生涯』（一九四三）などあります。一九三〇年代の後半から、ナチスの手を逃れて各国で亡命生活を送り、アメリカまで逃げていきます。しかし共産主義者であったブレヒトにとってアメリカもまた居心地の良い場所ではありませんでした。一九四八年の暮れにはプラハからチェコスロバキアの国境を越えて、東ドイツに入り、ベルリナー・アンサンブルという劇団を設立します。そこを活動拠点としたブレヒトは死ぬ直前まで創作活動を続けました。

ブレヒトの批判は演劇史では前例をみないほど包括的なものでした。彼は、劇的な感動がどのように生まれるかを分析し、演劇と社会の関係をも問い直しました。演劇を芸術の領域だけで語るのではなく、社会学などの知見を活かしながら多層的な視点でそれを分析しています。ここではまずブレヒトの劇作ではなく論考から彼の考えを抽出したいと思います。

まずは「僕らは美学を精算すべきか?」(一九二七)という比較的マイナーなテクストからみていきましょう。これはブレヒトの友人であったある社会学者フリッツ・シュテルンベルクへの公開書簡です。演劇が長く依拠してきた「美学」を捨て、「社会学」的観点から刷新すべきだというブレヒトは、特権階級の楽しみに供してきた一九世紀までの演劇を批判し、大衆社会に対応する新しい考え方が必要だと主張しています。演劇を単なるエンターテイメントではなく、社会そのものを考察する手段にするために、社会学的視点が必要だというのです。

一方、シュテルンベルクは、すでに偉大な英雄の時代は終わり、無名の群衆の時代に入ったのにも関わらず、演劇が未だに「英雄」を描くことにこだわっていることを難じます。一九世紀から二〇世紀にかけて、貴族を頂点にした身分制社会が大衆社会にとって代わり、自然主義以降の演劇は、このような変化に対応し、平凡な一市民を描いてきましたが、まだシュテルンベルクの目に留まるほどではなかったようです。それに呼応するようにブレヒトはいいます。

シェイクスピアのドラマは三百年後を先取りしてはいたが、その間に、個性的な人物は資本家に転化してしまった。これらのドラマをのりこえるのは、資本主義のあとを継ぐものではなく、資本主義そのものなのだ。(★1)

「資本主義」そのものによって伝統的な演劇を乗り越える、というところが非常に難しいのですが、文脈から次のように考えればよいでしょう。以前は英雄が体現していた個性は、現代社会では資本家が体現しているが、演劇は資本家を描くことよりも、資本主義に苦しむ無名の労働者の悲劇を描くべきだ、と。

市民社会の成立とともに、平凡な大衆のひとりが演劇の主人公として描かれるようになりました。プロット主導のナラティブはひとりの英雄を描く傾向があります。その人物の言動を通して単一的な物語が、ブレヒトの用語に従うならば「直線的」な物語が、語られるのです。それにたいして、複数の平凡な市民の織りなす物語は統一的な視点を拒否します。思いもよらない人物の思いもよらない行動がナラティブを左右するからです。プロット主導のナラティブからキャラクター主導のナラティブへの移行は、単一性(偉大な英雄)から多数性(無数の市民)への移行によって説明されます。それをブレヒトは資本主義の観点から説明するのです。

しかし、ただ市民を、無名の群衆を描けばいいというわけではありません。そこにはある罠が潜んでいます。「真鍮買い」(一九四〇)という不思議なテクストがあります。これは来るべき演劇のために「哲学者」や「劇作家」や「俳優」が対話する劇作と、それを補完するようなスケッチや説明が付随する作品です。そこでブレヒトは次のように語ります。

間違った無考えな配役が行われている。料理人はみんなデブ、百姓はみんな無神経、政府の役人はみんな堂々としているみたいな。愛する者、愛される者はみんな美しいみたいな。すぐれた話し手はみんないい声をしているみたいな。もちろん、ひじょうに多くのことを考えに入れなければいけない。このファウストには、このメフィストとこのグレーチヘンが適している。どうしても王子には見えにくい俳優もいる。ひじょうにさまざまな王子がいるが、すくなくともみんな、人に命令できるようには教育されているはずだ。そしてハムレットも、そういう何千もの王子のひとりなのだ。(★2)

「デブの料理人」、「無神経な百姓」、「えばった役人」などの例を挙げてブレヒトが糾弾しているのは、クリシェ化された人物造形とステレオタイプ的な配役、演出です。このような使い古された人物造型は、料理人=食いしん坊、百姓=粗野、役人=権威、女=か弱い、黒人=無教養など、職種や人種、ジェンダーに基づくステレオタイプから派生したものです。ブレヒトはこのような特定の概念による人物造形、つまりステレオタイプの再生産を批判し、より複合的で多層的な要素からキャラクターを練り上げることが必要だというわけです。

ブレヒトは環境という観点を導入しています。ある人物が特定の性格、個性を獲得するためにはその人が持っている資質だけではなく、彼/彼女が育ってきた環境、人間関係、社会状況こそが重要だという彼の考えは、社会構築主義に近いものがあります。それは階級、ジェンダー、格差を含む様々な社会現象は、人々の意識の中で作られ、慣習化され、制度化されて、社会的事実のように思われているものに過ぎないという考えです。したがって、ある社会階層が現実だと思っているものは、その階層の状態によって決定され、階層や習俗が変化すれば、その現実も変化するという考えにもつながります。

社会構築主義が広まるのは、二〇世紀半ば以降ですが、すでにイタリアの思想家アントニオ・グラムシなどがヘゲモニー論によって社会構築主義の先駆となるような研究を、一九二〇年代から始めています。演劇は美学とは手を切り、社会学的な視点をえなければならないというブレヒトの意図は、諸々の環境と条件(人種、民族、宗教、階級、職種)によって決定される人間、つまり社会構築主義的なキャラクターを描くことにあるわけです。

なぜ、社会構築主義的なキャラクターが必要になったのでしょう。それは多種多様な人間が育ってきた環境と歴史の差異を正確に描くためです。ブレヒト自身が挙げている例を参照してみましょう。

ひとつの例をあげよう——黒い皮膚の人間が、白人と同じような恋をする。そして筋立がこの男に白人が口にするのと同じような言葉を無理に押しつけることによって初めて(この公式はさかさまにすることも理論的には可能である)、芸術の世界がつくり出される。このきっかけになる言葉には、特殊なもの、差別的なものが考慮される場合もあるが、答えはつねに一般的である、答えのなかには差別的なものはまったく存在しない。(★3)

黒人は白人の愛の言葉を押し付けられてしまう。一般的なもの、普遍的と目されるものだけが語られ、それ以外のものが捨象されてしまう演劇はそれこそ絵空事にすぎません。ブルジョア演劇では、白人の有産階級（そして特に男性）の価値観によってすべての人物造形がされてしまい、それ以外のものは排除ないしは周縁化されてしまいます。

では実際にブレヒトはどのようなキャラクターを登場させたのでしょうか。彼の代表作のひとつ『肝っ玉おっ母とその子どもたち』をみるとその企図がよくわかります。これは三〇年戦争（一六一八―四八）を舞台にした作品です。演劇が戦争を題材にするとき、軍を指揮する幹部、将校、将軍を描いてきました。シェイクスピアの歴史劇、王権劇などがその代表例です。それにたいして『肝っ玉おっ母とその子どもたち』は、軍隊の後をつけ、物資を売って生計を立てる商人アンナをヒロインにします。それまで上から見た戦争を描いてきた演劇の伝統にたいして、ブレヒトは、戦争の被害者ともいえるような存在が下からみあげた視点で戦争を描いたといってもいいかもしれません。

アンナには三人の子どもがいますが、いずれも戦争の犠牲となり、亡くなってしまいます。彼女は戦争を憎みますが、戦争の単純な被害者とはいえません。彼女は戦争を糧に生活し、子どもたちを育ててきたからです。子を失った母親というその境遇に観客は感情移入するかもしれません。しかし戦争を止めることはできないにしろ、従軍することをやめられぬアンナの生活を目にすれば、わたしたちに必要なのは、感情移入とはまた別の回路であることがわかります。兵隊に酒を売ることを生活の資とせざるをえない彼女の日常そのものが、彼女の悲劇の源です。そのような環境に観客は涙するよりも、それを分析する必要があるわけです。アンナは戦争に虐げられる悲惨な市民というステレオタイプではありません。それを如才なく利用する狡猾な商人でもあります。このような人物造形にブレヒトのキャラクターにたいする考えが表れています。

## カタルシス

ブレヒトはその他にも様々な理論を駆使して演劇を革新します。彼の試みのほとんどが、観客の舞台にたいする感情移入を阻止するための方策と考えていいと思います。キャラクター論もそのひとつですが、彼の理論のうちもっとも有名なものは「異化効果」です。これはそもそもロシアの文芸理論家ヴィクトル・シクロフスキーが一九一〇年代にまとめた文学理論で、詩的言語を日常言語から差異化することによって生じるレトリックを名づけたものです。詩的言語は、親しんでいる事物や現象を異なった文脈に置くことで、それらにたいする固定観念を払拭し、新しい見方を獲得するとともに、わたしたちの日常に驚きをもたらすことを目的にしています。そのようにして醸成される違和感こそが、言葉、現象、日常を刷新すると考えられたのです。

ブレヒトの異化効果は基本的にシクロフスキーの理論を引き継いでいますが、微妙な点で異なります。ブレヒトの場合には、まず舞台と観客の関係が前提にあり、その間に発生する感情移入を阻止するためにあります。たとえば、ブレヒトの舞台では登場人物がいきなり歌いだしたりしますが、それはストーリーに観客がのめりこむのを防ぐことを目的にしています。演劇が現実ではないことを、演劇が演劇でしかないことを観客に再確認させるためにそうするのです。

しかしそもそもなぜそのような試みが必要であったのでしょうか。ブレヒトの試みは慣習により硬直化した演劇を刷新するためのものでした。演劇の問題点を彼は「カタルシス」にもとめます。「カタルシス」は舞台のもたらす効果のひとつであり、また観客が劇場に通う理由のひとつでもあります。もともとギリシャ語で「排泄、浄化、純化」を表す言葉だった「カタルシス」は、芸術鑑賞において、そこに展開される世界への感情移入が行なわれることで、日常生活の中で抑圧されていた感情が解放され、快感がもたらされる効果を表す言葉となります。つまり日常生活において蓄積されたストレスが芸術鑑賞によって「排泄」され、心と身体が「浄化」される、そのようなメカニズムを示す言葉です。

精神分析においてもその言葉は使われます。催眠術や自由連想法などによって、抑圧されていた感情や体験を再体験させることによって、その苦痛から解放されることをカタルシスといいます。精神分析療法が演劇と方法論を共有していることはとても興味深い事実です。

演劇におけるカタルシスの効果を最初に説明したのはアリストテレスです。

悲劇とは、一定の長さで完結している崇高な行為の再現であり、そのため、(一)雅趣に満ちた言葉が使われるが、それは一律の調子ではなく、劇の構成部分の種類別に応じて、それぞれ別の言語形式をとり、(二)而も言語によるとは言え、この再現は、役者によって演じられるものであって、朗詠によるものではなく、(三)かつ、同情と恐怖を引き起こすところの経過を介して、この種の一聯の行為における苦難(パトス)の浄化(カタルシス)を果たそうとするところのものである。(★4)

ここでカタルシスとは日常生活で鬱積していたストレスやプレッシャー(アリストテレスのいう「パトス」)から精神が解放され、健全な状態に回復させる悲劇の効能のことです。それは、演劇の世界に入り込むこと、登場人物に感情移入することを必要とします。だからこそ日常の憂いを忘れることができるのです。

逆説的に聞こえるかもしれませんが、カタルシスとストレスはある種の共存関係にあります。カタルシスが作用するためには、先ずストレスがなければなりません。言い方を変えれば、ストレスはカタルシスの条件でもあります。劇的感激があるためには、日常生活においてストレスをためておく必要があるというのはなんとも皮肉です。

**叙事的演劇**

ブレヒトがターゲットにしているのはこのようなカタルシスに依存する演劇です。彼の生涯にわたる演劇活動において、アリストテレス的劇作法、自然主義、劇的演劇などと呼びながら、カタルシス演劇への批判を続けていきました。ブレヒトはそれにたいする自分の演劇理論を「叙事的演劇」として展開します。「オペラ『マホガニー』への注釈」(一九三〇)では、わかりやすく図式にして説明をします。

## 演劇の劇的形式

行動する
観客を舞台のアクションにまきこみ
観客の能動性を費消して
観客に感情を湧かせる
体験
観客はなにかに移入される
暗示
情緒が保たれる
観客は舞台に浸り、ともに体験する
人間は既知のものと前提される
人間は変わらない
解決を期待する緊張
各場面は連続的
生長
事象は単軌的
不可避的な展開

## 演劇の叙事的形式

叙述する
観客を観察者にする、しかし
観客の能動性をよびさまし
観客に決定を強いる
世界像
観客は対峙させられる
論証
情緒が認識にまで到達させられる
観客は舞台に向きあい、研究する
人間は研究の対象である
人間は変り、変える
過程に期待する緊張
各場面は自立的
モンタージュ
事象は複雑な線をえがく
飛躍

固定したものとしての人間　　　プロセスとしての人間
思惟が存在を規定する　　　　　社会的存在が思惟を規定する
感情　　　　　　　　　　　　　理性(★5)

「劇的形式」は完結した筋をもち、劇的な必然性によって次から次へと事件が起こり、つまり前の場面は次の場面の契機となり、結末へと観客の関心をいざないながら、まっしぐらに進んでいく演劇の形式です。そのようなプロットの「ヒーロー」と「ヒロイン」は観客に感情移入を促します。観客は、舞台上の出来事を現実の出来事と同じように感じ、特定の登場人物に感情移入し、劇の事件を自分のことのように体験するのです。そのため「劇的形式」はなによりも観客の「情緒」に訴えかけ、涙を流させることを目的にします。

ヴォルター・ベンヤミンはブレヒトを論じた「叙事演劇とは何か」のなかで、カタルシスを「主人公《ヒーロー》の劇的な運命に感情移入することを通して激情を排泄し浄化する作用」(★6)と定義します。ブレヒトはそのような「劇的形式」は「観客を舞台のアクションにまきこみ」、「観客に感情を湧かせる」といいます。その感情移入(カタルシス)は「観客の能動性を費消」し、その結果、観客は劇場外、つまり現実社会で行動を起こす契機を奪われてしまうことになります。

カタルシス演劇の矛盾とは、その劇的な感動が、社会によって引き起こされるストレスを前提にしていることでした。本来であれば、ストレスの原因となる社会的な矛盾などを解決しなければならないはずです。しかしカタルシスが能動性を消費してしまうのであればそのような解決は不可能です。

カタルシスの本来の医学的な意味に立ち戻るならば、それは「対症療法」的です。ヒーローやヒロインに感情移入し、涙を流し、感動することは、ストレスを解消するかもしれませんが、ストレスの原因を見つけ出し、それを解決することにはなりません。劇場が観客の社会への不満や問題意識をも解消してしまうことは「観客の能動性を費消」してしまうことでもあるのです。カタルシスは、現実生活に疲れた心と体に癒しを与えますが、根源的な問題を解決することには至りません。それはむしろ現実のストレスを前提にし、その原因を保存することに貢献しているといってもいいかもしれません。

それにたいしてブレヒトの「叙事的形式」は社会的病巣の根源的な治療を目指すものです。ひとつの事件を多角的にみせること。主役と呼ばれる登場人物はおらず、複数の人物が己の見解を述べること。それによって観客は、特定の登場人物に(受動的に)感情移入するのではなく、複数の視点を比較対照することで舞台上の出来事と批判的な距離をとることになります。「情緒」や「感情」よりも「理性」や「研究」が必要なのは、舞台で演じられる出来事に巻き込まれずに、批判的にそれを観察することが大切だからです。

ブレヒトは劇的感動(カタルシス)と社会のストレスの共犯関係に楔を打ち込みます。そのために観客を劇場では「観察者」に徹しさせ、その「能動性」は消費せずに保存します。それはその力を、現実社会の問題を解決することに向けるためです。カタルシスがストレスを解消する「対症療法」であるのにたいして、そのストレスの原因を突き止めることを目指すブレヒトの叙事的演劇は「根本治療」的です。

ブレヒトは、観客に魔術をかけ、舞台上の出来事を現実と錯覚させるような演劇を批判し、演劇が虚構であることを観客に知らせるような仕掛けを考えます。それは演劇を、ただ単に感動を与えるだけのエンターテイメントではなく、社会の不正や不平がなぜ起こるのか、それを考えるための啓蒙装置とすることをブレヒトが心がけたからです。

一九世紀後半から台頭した大衆社会に対応するように、劇場もまた多種多様な人々の集う場所となります。しかしそれは劇場に混沌をもたらしたわけではありません。その逆に、より真剣に、演劇／舞台に向かう緊張感がもたらされました。自然主義演劇が「普通のひと」を主人公にしたこと、スタニスラフスキーが「心理」を軸に、演出方法を確立していったこと、観客席を暗転させ、観客の視線を舞台にくぎ付けにさせたこと。これらはみな、舞台と客席のあいだに緊密な関係を発生させることを意図したものです。このような近代演劇は、観客に自己投影できるようなイメージをみせることを使命とします。観客が舞台にみたのは自らの姿だったのです。

ブレヒトの試みはその延長線上にあります。舞台と客席の交流が意識されていることがわかります。しかし彼はそこから感情移入という重要なファクターを排します。感情や感動をもとにしたカタルシスの代わりに観察と批判が必要とされ、舞台と客席のあいだにある一定の距離を保つことが求められます。それはいったいなにを意図してのことなのでしょうか。

ブレヒトが念頭に置いていたのは、劇場と社会の関係の再構築です。一九世紀半ばまで、社会的階層に応じて座る位置が決められる劇場は、階級を再生産する場でした。大衆社会の到来とともに、劇場もまたそのような階層性とは決別しますが、社会そのものとの有機的なつながりを失うことはできません。ブレヒトは劇場と社会の関係の再構築を目指したからこそ、舞台と客席の緊密な関係を壊そうとしたのです。もちろんそれは、社会的階層を劇場内に再構築することではありません。むしろ演劇の社会への働きかけを考察することで、両者の関係に批判的距離が生まれたといえるかもしれません。

ブレヒトの友人でもあった批評家のベンヤミンは台本と上演、舞台と観客の硬直した関係を更新するものとして、僚友の斬新な試みを評価します。「舞台は教壇に転化したのだ(★7)」というベンヤミンの言葉が象徴的です。教育とは常に、その未来、その外側へ向けての投資あり、教室内でなにかが生産されることはありません。同様にブレヒトの演劇も劇場内での感動よりも、劇場外でなにかを起こすことを目指しています。

近代化以降、演劇的な思索は舞台と客席の二元的思考を前提にしてきました。そこで劇場外に存在する社会が無視されていたわけではありません。ただそれは客席に座る大衆によって表象されていたのです。観客は大衆社会の象徴として、そのミニチュアとして客席に存在していたのです。ブレヒトが攻撃したのは、この観客＝大衆の表象関係といってもいいかもしれません。ブレヒトは観客を教育し、啓蒙することで、社会そのものへの働きかけを活性化しようとしたのです。彼は観客席を飛び越え、劇場の外の世界を見通していました。ブレヒトは、観客席と劇場外の世界が不連続であることを知っていました。そして社会を変える目的のために、観客席に働きかける方法として生み出されたのが、叙事演劇だったのです。

# 第一〇章　観客の発見

## 不信の念の一時的停止

前章は演劇の機能と劇場の役割に関してかなり難しい問題を論じました。ここではまず、今まで議論したことを身近な例で考えつつ、次の問題へと展開していきたいと思います。

第六、七、八章で論じたキャラクターについて、オタク文化から考えてみましょう。アニメやゲームなどの登場人物やキャラクターに扮する遊びであるコスプレはオタク文化の象徴です。それは登場人物を、それが属する物語やコンテクストを無視して引用する方法です。このようなかたちでキャラクターを消費する行為は、作者とキャラクターとの繋がりよりも、キャラクターと読者／視聴者の繋がりを重視します。

このような活動は二次創作と呼ばれます。ある作品に刺激を受けた読者(観客)がその作品の登場人物を使って別の独自の作品を作成することです。キャラクターを媒介に別のナラティブが作られるわけです。これは日本のオタク文化に限定された現象ではありません。近年、アメリカの映画やドラマでもよく「リブート」、「スピンオフ」作品が多く制作されますが、これもまたキャラクターを媒介にした作品の増殖です。時にはメディアの境界を超え(メディア・ミックス)、複数のジャンルでキャラクターは商品化されていきます。これは生産と消費の単純な構図では説明できません。消費することが創作でもあり、また創作することが同時に消費することでもあるからです。ナラティブはもはやプロットによって完結しません。キャラクターによって無数に連結しうるものとなったのです。

カール・マルクスは『資本論』(一八六七―九四)において、商品の価値は商品生産に費やされた労働量によって決まるとする労働価値説を批判します。そして商品を使用価値と交換価値を持つものと規定します。ここから剰余価値が生まれ、資本へと転化していくことになりますが、話が複雑になるので本書では説明しません。ここでの議論で重要なのは、労働価値とは異なる価値(使用価値)が商品に見出され、消費の観点から光を当てたことにあります。

二次創作では、作品ではなくキャラクターが商品化しています。そこには(制作者の)労働価値と(消費者の)使用価値のラディカルな分断があります。本書で確認したように、演劇史においてキャラクター主導のナラティブが注目を集めるようになったのは、一九〇〇年前後です。もちろん二次創作やリブート作品などはありませんでしたが、キャラクターを単なるプロット展開のコマとみなさない視座はこのときに生まれます。このような視座がきっかけとなり、世紀末のオタク文化の複雑なキャラクター使用を生んだというのは言い過ぎでしょうか。

これに関連して、もうひとつだけ確認しておきたいことがあります。二次創作は消費と創作の境がなくなることでした。このようなラディカルな消費の形態もさることながら、芸術作品を消費するという態度自体が極めて近代的なものだといわざるをえません。芸術作品を消費するとはそもそもどのような行為でしょうか。芸術作品の消費は、新興ブルジョアが登場し、見栄やステータスのために、美術品や古書を買い漁り始めた一八世紀以降に始まったと推測できます。そして芸術に無知なブルジョアたちに指針を与えるために、テオフィル・ゴーチエやボードレールが美術批評を始めました。ここでは「消費」をやや限定的な意味で用いたいと思います。つまり、オタク文化にみられるように、作品の一部を作者の用意したコンテクストとは別のコンテクストに置き換えることとして、あるいはマルクスのように労働価値とは区別される使用価値として、理解したいと思います。

そもそも芸術作品を鑑賞するとは、どのような態度のことだったのでしょうか。詩人、批評家のアレキサンダー・ポープに「批評について」(一七〇九)という詩があります。

> 機知に富んだ作品ならば、非の打ちどころなき審査員は、
> 作者と同じ魂で読み、
> 全体をみて、つまらぬあらさがしなどせぬもの、
> 心が万物に動かされ、歓喜に駆り立てられるなら(★1)

ポープは批評の心得として、作者と同じ気持になって作品を読むこと、あらさがしをしないことを挙げています。彼にとって、文学批評とは作者の意図に寄り添って作品を理解することだったのです。

もう少し例をみてみましょう。イギリスの劇作家R・B・シェリダンに『批評家』(一七一一)という戯曲があります。パフという劇作家の作品のリハーサルをみながら、批評家のスニーアと演劇マニ

アのダングルがあれこれと文句を言うこの芝居は、当時の演劇界の内幕をさらけだすものでした。ここで批評家たちが指摘するのは、物語の展開に関する不自然さなどです。スニーアもダングルもあくまでパフの側に立ち、その視点から作品をみていきます。

その約四〇年後にサミュエル・テイラー・コウルリッジが『文学的自叙伝』(一八一七)を発表しますが、そのなかに、有名な提言「不信の念の一時的停止」があります。

わたしが主に取り組むのは超自然的な、あるいは少なくとも伝奇的な登場人物にするということ。ただしそれは、わたしたちの内面から人間的な興味や真実らしさの感覚を十分に引き出し、想像力が生み出すこのような影響に対する不信の念の一時的停止を可能にするものでなければなりません。これこそ詩的信仰の特質をなすものです。(★2)

一九世紀は産業と科学の時代です。さまざまな科学、技術が生活用品に応用され、人々の暮らしの利便性を高めていく一方、魔術、魔法、幽霊などの超常現象は迷信として退けられるようになります。そのような傾向にたいして、コウルリッジは詩の世界ではそのような合理性を追求することは野暮だといいます。むしろ理性と合理性から発する懐疑を敢えて停止することが、詩の鑑賞に必要ということです。ここでコウルリッジは、懐疑を停止することで、「詩的信仰」が打ち立てられるといいます。科学的、合理的な判断にたいして、詩は信仰を拠り所にします。科学によって駆逐されようとする非理性的なものの堡塁として詩はあるわけです。したがって詩の読解もまた宗教のように、作者に帰依する心を基礎に置くのです。このようなことをいわなければいけないということ自体、作者の意図に反するような批評が横行していることの証左かもしれませんが、批評の王道が作者の意図に寄り添うことであったことは間違いないことだと思います。

演劇においてもそれは同じです。シェイクスピア『ヘンリー五世』(一五九九?)の有名なプロローグをみてみましょう。

われらのたよらざるところを、皆様の想像力でもって
どうか補ってください、一人の千両役者は千人をあらわし、
そこに無数の軍隊がいるものと思い描いてください。
われらが馬と言うときは、誇らしげな蹄を大地に印する
馬どもの姿を目にしているとお考えください。
国王たちを美々しく飾り立てるのも、彼らを自由に
別の場所に移すのも、時間を飛び越えて、実際は
数年にわたって積みかさねられた出来事を
砂時計の一時間に変えるのも、皆様の想像力次第です。
その間の事情はわたし、説明役が解説申しあげます。
皆様に伏してお願いします、どうか心広き友人のように
寛大な目でわれらの芝居をごらんくださいますように。(★3)

このプロローグは、史劇を上演するには粗末な舞台と限られたスタッフを詫びながら、それを想像力で補ってほしいと観客に要請します。もちろんこれは、そもそも現実を支える合理的な判断を一時的に停止させることを前提にしている演劇のコンベンションを逆手に取ったユーモアです。劇場が、その外の世界の論理とは別の論理によって支配される空間であったことがよくわかります。演劇を楽しむためにはまた懐疑を止める必要があったわけです。

## 芸術の「消費」

演劇が科学や理性と和解するのはいつでしょうか。おそらくは自然主義の頃だと想定されます。ゾラは「演劇における自然主義」のなかで次のようにいっています。

科学と作家とを最前線に置かなければならない。世界の文学史はこの観点から書くべきなのであって、絶対的な理想や滑稽至極の共通の美学の尺度の観点からであってはならない。(★4)

ゾラは演劇を荒唐無稽な作りごとではなく、科学的で客観的なものにしなければならないといいます。しかし、演劇や文学にとって科学はなにを意味するのでしょうか。ストリンドベリが「『令嬢ジュリー』の序文」で述べた次の言葉が参考になります。

だから演劇はいつも、若い人たち、中途半端の教養しかもたぬ人たち、女たちの国民学校であった。これらの人たちはまた、自分を騙す、騙させる、つまり、幻覚を受け取る、詩人の暗示を甘受する低級な能力を持ちあわせているのである。(★5)

厳しい、辛辣な言葉は、観客に考えること、だまされないこと、つまり懐疑心を働かせることを求めるストリンドベリの期待の裏返しです。演劇において科学とは、作家に求められる客観的なリアリズムであるとともに、舞台上で行なわれていることを懐疑的に、距離をもって観察する観客の批評精神でもあります。

一九世紀末、劇場は魔術的な空間から教育の場へ変わろうとします。遅ればせながらの啓蒙主義が演劇界に訪れたのです。ストリンドベリの言葉が、マルクスの『資本論』の発表時期とほぼ同時期であることに留意しましょう。マルクスが商品に宿る、労働価値とは区別される使用価値を発見したように、ストリンドベリは、舞台上で演じられる出来事を、距離をとって眺め、解釈をする観客の存在を求めるのです。

ここで次のように反論するひとがいるかもしれません。ギリシャ悲劇には「コロス」という存在があった。コーラスの語源にもなったその存在は、観客の観賞の助けとなるよう劇の背景や要約を伝え、テーマを注釈していた。それはすでに批評、解釈ではなかろうか、と。たしかにコロスは舞台を多声化します。しかし、それはまた観客に、どう劇に反応するのが理想的かを示す役割が主であり、むしろ作者の意図の倍音として響いてきます。観客がコロスに倣って鑑賞の態度を決めるのであれば、批評的な解釈とは区別すべきでしょう。
シェイクスピア『テンペスト』(一六一一)にも面白い例があります。プロスペローの最後の台詞をみてみましょう。

いまや私の魔法はことごとく破れ、
残るは我が身の
微々たる力ばかり。
ここに私を留めようと、
ナポリに送り返そうと、皆様のお気持ち次第。
公国はこの手に戻り、裏切者を赦したからには、
どうか、この裸の島に残れとの
呪文はおかけくださいますな。
お手を拝借、皆様の拍手の力で
私のいましめをお解きください。
皆様の優しい息で私の船の帆を
ふくらませてください。さもなくば、お楽しみいただこうとの
私のもくろみは水の泡。もはや私には
使おうにも妖精はおらず、魔法をかけようにも術はない。

祈りによって救われない限り、
私の幕切れに待ち受けるのは絶望のみ。
祈りは天に達し、神のお慈悲に訴えかけ
すべての罪は赦されます。
皆様も罪の赦しを請われるからは
ご寛容をもってどうかこの身を自由に。(★6)

最後にプロスペローは自らの処罰を観客にゆだねます。それはまたその上演のよしあしの判断を仰ぐことでもあります。ここもまた解釈の場を観客に開いているようにみえます。しかしここで拍手をしない観客はあまりいないでしょう。シェイクスピアは作品の可否を観客にゆだねているようにみせながら、実は観客を理想通りに反応するように誘導しています。ここにもまたブレヒトがいうような批評精神は存在しません。むしろ作者の思惑を読み取りつつ、それを承認する理想の観客が前提にされています。

演劇において演出家という職能が独立したのは一九世紀の終わりでした。それはまた戯曲を解釈するという態度の誕生でもありました。解釈はまた演出家によって独占されるものではありません。観客も積極的に解釈に参加することが奨励されたのです。商品が使用価値、交換価値という消費者の観点からみられるようになったように、演劇も観客の積極的な(批評的な)参加が重要になってきます。このような傾向は二〇世紀に入って多様な分野に見受けられるようになります。たとえばポール・

ヴァレリーは「芸術についての考察」(一九三五)と題された講演で、次のような主張を述べます。「作品享受の悦びは、作品そのものをひたすら眺める行為からのみ生まれるべきものであり、作品の下にあるいかなる注意書きからも独立したものなのです」[★7]。ヴァレリーは芸術作品を楽しむための条件として、様々な慣習、制約、束縛から解放された状態であることを挙げます。いかなる注意書き、つまり作家の権威にも、美術史にもとらわれないことは、作品そのものと一対一で向かい合う、純粋な鑑賞者の姿を描き出します。

ヴァレリーは作家の意図に従属しない、芸術作品の鑑賞者の存在を強調します。

> きわめて重要なのは、これらふたつの変形作用——作者から製作されるオブジェへと進む変化と、オブジェないし作品が消費者を買えるという意味での変化と——は、互いに完全に独立しているということです。つまり、二つの変化は、別々に分けて考えられなければならないのです。
>
> 皆さんが、作者、作品、観客または聴衆という三つの項を登場させる命題はどれも、無意味な命題です——というのは、これら三つの項がひとつに会した観察の機会を皆さんが見出すことはけっしてないはずだからです。おそらく、三つの項がすべて参画している判断を構成することは可能です(実際、そうした判断はたくさんあります)が、しかし、観察の場においては、皆さんは、一方で、作者と作品を見るか、他方で作品と観客を見るか、どちらかであって、それ以外にはいかなるものもけっして見出すことはないでしょう。作者のなかには、たしかに、観客や聴衆のある種の存在が認められますが、しかし、それは理想の人物です。つまり、作者は、ひとりの聴衆、

一人の理想の読者というものをみずからのうちに――多少なりとも意識的に――作り上げるものです。他方ではまた、受け手の側が、ひとりの理想的な作者を作り上げるということもあります。それが、私の主張のいわば証明になるでしょう。

さらに申し上げましょう――今しがた述べたことがらをすでに変な話だと思わなかった方々も、今度はおそらく奇妙で逆説的だとお感じになる地点に、私は到達しております。芸術という価値は(なぜなら、じっさい、われわれは価値の問題を考察している最中なのですから)、基本的に、生産者と消費者のあいだにある非＝同一性、両者のあいだに立つ仲介者の必要性に依存しております。重要なのは、生産者と消費者のあいだには、精神に還元されないものが存在するということ、両者のあいだに直接的なコミュニケーションは存在しないということ、そして、作品という媒体が、それに感動する相手に対して、作者の人格や思想についての何らかの観念に還元されることがらを伝えることはできないということなのです。(★8)

芸術作品を鑑賞すること、それは作者とは全く異なった態度、温度差で作品に接することです。ときに鑑賞者は自分勝手に作品のうちに作者を思い描いてしまうかもしれない。あるいは作者が勝手に鑑賞者を想定しながら、作品を作ることもあるでしょう。作者と観客(聴衆／読者)は一堂に会することはありません。それらは作品の媒介によって、初めて結び付けられる存在だからです。ヴァレリーはそれを必ずしもネガティブなものとは考えていないようです。むしろ制作者と鑑賞者のすれ違う視線のなかにこそ作品が存在するのだといっているのでしょう。

もう一点、重要なのは、ヴァレリーが芸術制作と鑑賞の関係を経済学のターム(「生産」と「消費」)で述べていることです。鑑賞者の批評的態度が消費者のそれと類縁関係にあることがわかります。演劇ではすでに、このような解釈／消費のかたちは、一九世紀末、つまり演出家という職能がうまれた時期に始まっています。イプセンの『ヘッダ・ガーブレル』のロンドンでのマチネ公演が、多くの女性客をひきつけたことはすでに述べたとおりですが、これをみた女性客のひとりが「ヘッダはわたしたちみなのこと」(★9)と述べた例があります。このキャラクターへの同一化は、二〇世紀演劇に特有の解釈行為です。作者の作りだしたキャラクターにアイデンティティを見出すのは、作者の意図とは関係なく作品を消費することでもあります。

忘れてはいけないのは、このような女性観客のアイデンティフィケーションが、実際の消費と結びついていた点です。一九世紀末のロンドンの劇場街ウエストエンドには、すでに多くの商業施設が立ち並んでいました。マチネ公演を楽しんだ女性たちは家路に着くまでに、様々な購買意欲を刺激されたことは想像に難くありません。生活必需品だけではなく、ショーウィンドーに並ぶ化粧品なども消費の対象となったでしょう。解釈と消費は非常に密接な関係にあるのです。

## 解釈する観客

演劇において制作者と観客の問題を最初に真剣に考えたのは、やはりブレヒトです。演劇は長く興行としての側面が重視されてきました。その際にも観客は重要な位置を占めていましたが、あくまでもそれはエンターテイメントを供給する対象であるとともに、興行を経済的に支える存在として認識されていたにすぎません。お金を払ってくれる限りにおいて観客は大切な存在であったのです。一方、ブレヒトは観客を啓蒙あるいはコミュニケーションの対象として考えました。ヴァレリーが「芸術についての考察」の講演をする約五年前に、ブレヒトは「弁証法的劇作」(一九二九―三〇)という論考を書いています。

ブルジョア演劇は、なによりもまず、市場の絶え間ない強制的拡大にふさわしく消費者としての観客を大規模に統括することにより、またそれを通じて、以前に劇場を支配していたサロン的グループを破壊することによって、演劇の機能転換に必要な技術的前提条件を技術的につくりあげた。

だが、その階級的性格が、それを徹底させることを妨げた。これはかれらが、ずっと以前から実際には絶対的審美主義を操りながら、それをイデオロギーのうえでも代表しなかったのに似ている。(★10)

ブルジョワ社会の成立が、劇場を特定多数(貴族)のものから不特定多数(大衆)のものへと変えました。それは観客席の様相を変えました。選ばれたもののみが座り、舞台を肴になごみ語らうサロン的な雰囲気から、見ず知らずのもの同士が隣に座り、舞台に集中する場へと変化したのです。このことを初めの段落で述べたあと、ブルジョアたちの演劇の変革が、舞台や上演そのものには及ばなかったことが述べられます。具体的には、特定の時代や社会の刻印を受けた人物は描かれず、理念化された人物のみが描かれ続けたことを悔やんでいます。ブレヒトがどのような演劇を思い浮かべているかはわからないのですが、社会の変化に対応して様々な登場人物が描かれるようになるものの、その中身はやはり以前と変わらぬ理念的なものだというのが彼の批判の主旨と考えていいと思います。

ブレヒトの目的はブルジョア演劇のもたらした変革を推し進めることです。観客席は階層性のない空間となりましたが、舞台では以前と変わらぬような人物が演じられ続けています。ブレヒトにとって重要なのは、舞台と客席の関係を構築することです。「真鍮買い」で彼は次のように語ります。

ここで考察されているのは、舞台と客席との交流、観客が舞台の出来事を支配するさいにとらねばならぬ方法なのだ。演劇体験はすでにアリストテレスの『詩学』で確認されているように、感情同化の行為によって生まれる。そんなふうにして生まれる演劇体験を構成する要素のうちには、批評は存在しえないし、感情同化がうまく働けば働くほど、それは少なくなっていく。(★11)

アリストテレスの感情同化、あるいは「カタルシス」に関しては前章で触れました。それは舞台での出来事を自分のことのように感じ、登場人物の感情と心理に同化することでした。そして「カタルシス」は結局、作者の考えをそのまま受け入れることにつながります。それは使用価値を労働価値に一致させることでもあります。解釈と批評は労働価値とは異なる価値を見つけること、つまり作者とは異なる見方を獲得することです。逆説的かもしれませんが、感情移入を拒否することは、観客を演劇に、より積極的に参加させることでもあります。観客はただ登場人物に同化するだけでなく、その場で演じられていることを批評し、解釈する権利をも有しているからです。

「カタルシス」は「感情」を媒介にします。それは登場人物に同化することを促しますが、そのような登場人物がどうして生まれたのか、どのように育てられたのか、どのような環境にいるのかなどという問題は捨象されてしまいます。だからこそ「感情」は普遍的で理念的な人間像――特定の時代や社会の刻印をもたない人物の姿――と親和性が高いのです。ブレヒトが「カタルシス」を批判し、舞台の出来事を距離をもって観察することを奨励するのは、登場人物に同化することなく、そのような人物を育んだ環境と社会機構全体を考察するためです。したがって、そこでは特定の時代や社会の刻印を帯びた登場人物が必要となるのです。

演出家という職能の独立は、演劇に解釈をもたらしました。上演を通じて、劇作家の意図を超えた意味が劇作に見出されるようになったのです。ブレヒトはまた解釈の権利を観客にも与えようとします。観客席と舞台のあいだの、解釈、批評というコミュニケーションを通じて、演劇は社会的な意義を獲得していくことになります。

**読者受容論**

ヤン・コットはポーランド出身の著名な演劇研究者です。『シェイクスピアはわれらの同時代人』は一九六一年に出版された彼の代表作で、非常に大きな影響力を持った著作でした。

シェイクスピアは、世界に、あるいは人生そのものに似ている。歴史上のどの時代も、彼の中に、その時代が求めているもの、その時代が見たいと思っているものを、見いだすのである。二十世紀の半ばの読者なり観客なりは、自分の経験を通じて『リチャード三世』という劇を解釈する。というより、そうするほかないのだ。(★12)

様々な時代の欲望がシェイクスピアの作品に己を見出します。そして観客の経験が解釈を可能にするとコットはいいます。コットがポーランド人であったことがその言葉に重みを添えます。シェイクスピアといえばイギリスを代表する作家で、研究もまたイギリスが本場でした。東欧の小さな国で研究者がその正当性を訴えるときに、自らの経験に作品をひきつけたのは当然でしょう。このようなかたちで作品の普遍性が確証されるならば、それは労働価値とは区別される使用価値を消費していくことでもあります。

作品が消費の対象となったのは演劇に限りません。芸術全般において鑑賞者は作品を消費していくようになります。もう一度確認をすると、それは、作者の意図を顧みることなく、読者、観客などが作品を批評することです。文学の領域でもそれはひとつの潮流となっていきます。

一九世紀以前、文芸批評は作者の意図を読み取ることが主流でした。作者は作品の意味を決定する主体として考えられ、批評家はそれに近づくことを課題にしました。このような作者主体論は、その意図をきちんと汲み取ることのできる「理想的読者」を想定しています。優れた読者であれば、あらゆる社会的な拘束から自由であり、純粋に客観的な視点で作者の意図を汲み取ることができるということが暗黙の了解とされてきたのでしょう。「意味の主体としての作者」+「理想的読者」が批評のモデルとして長いあいだ君臨していたのです。

文学史的にみると、このような文芸批評のあり方が批判されるのは、一九六〇年代です。ロラン・バルトには「作者の死」（一九六八）という有名なエッセイがあります。

> 作者は今でも文学史概論、作家の伝記、雑誌のインタヴューを支配し、おのれの人格と作品と日記によって結び付けようと苦心する文学者の意志そのものを支配している。現代の文化にみられる文学のイメージは、作者と、その人格、経歴、趣味、情熱のまわりに圧倒的に集中している。批評は今でも、たいていの場合、ボードレールの作品とは人間ボードレールの挫折のことであり、ヴァン・ゴッホの作品とは彼の狂気のことであり、チャイコフスキーの作品とは彼の悪癖のことである、ということによって成り立っている。(★13)

長いあいだ作品とその作者が混同されてきました。バルトは、作品は作者の伝記的事実によって注釈をつけられるものであったことを難じ、作品と作者を切り離すことの重要性を述べています。そして作者の伝記的事実から、あるいは作者の意図からさえも独立したものとして作品を理解することを提言します。それが「作者の死」です。

「作者の死」は特定の作者の物理的、生物学的死のことではなく、「作者」という言葉に集約される読書行為がもはや無効であることを指摘したものです。作者の伝記的事実や創作意図から解放された読書を勧めるものです。言い換えるならば、それは「意味の主体としての作者」＋「理想的読者」というモデルを否定するものでもあったわけです。そしてそれはそれまでになかったような読書、解釈、批評の形式を生んでいきます。「読者の誕生は、「作者」の死によってあがなわれなければならないのだ」[★14]。「作者の死」はしたがって必ずしもネガティブなものではありません。なぜならば、それは多様な解釈を許容する――読者の数だけ読み方があることを認める――コミュニティの成立を示唆しているからです。

バルトのこのような主張を支えたのはポスト構造主義という思潮です。そこにおいて「作品」は「テクスト」と言い換えられることが多くなります。前者は作者の意図と配慮が隅々まで行き届いたものの状態を指すのにたいして、後者は、「編む、編んだもの」というその語源が示唆するように、複数の情報、データによって編まれたものというニュアンスがあります。したがって単一の意味に還元しにくいものです。テクストはシニフィアンの集合に過ぎず、作者が表現したいことの意味はそこで十分に体現されることはありません。シニフィアンの集合を読者が読み解き、適宜シニフィエに関係づけることによって、意味が発生します。シニフィアンとシニフィエの接続はあくまでも読者の恣意的な判断に任せられます。

このような議論をより体系化したのが読者受容理論です。一九七〇年代にそれを提唱したヴォルフガング・イーザーによると、文学はそのテクストが読まれるという行為において初めてその効果を発揮することになります。たしかにテクストを創造するのは作者ですが、読者がいなければテクストはその効果を発揮できないからです。

テクストからえられるイメージとしての意味は、テクストの記号と読者の理解行為との相互作用の産物である。しかもこうした相互作用から、読者が自己を消去することなどはできない。むしろ読者は、テクストによって触発されたイメージ形成という能動性を通じて、テクストの状況に参加し、テクストが作用するのに必要な条件を作り出す。このように、テクストと読者とが相互にひとつの状況を創りだすと考えるならば、ここでは主体—客体の対立関係はもはや通用せず、意味ももはや規定の対象ではなく、作用としてしか経験しえない。(★15)

文学作品の意味を決定するのは読者だというイーザーの主張は、今からみると当然といえば当然なのですが、その理論の発表当時はそれまでの文学研究の伝統を覆すような提言でした。しかしそのような転覆の下地は様々な分野で整えられていたと考えるべきでしょう。ここで、作品を作者や時代、環境から切り離し、それ自体として鑑賞しようとするニュークリティシズムなどが、まずは思い浮かびますが、演劇においてはブレヒトの主張を無視することはできないでしょう。劇場は、作品とそれを享受する観客が物理的に対峙します。つまり作品が「消費」される瞬間が可視化される場です。そのような場を持つ演劇が、読者受容論に先駆けて、鑑賞者の積極的な作品参加を訴えたのは当然かもしれません。

# 第一一章　不条理演劇

## 「異邦人たち」

二〇世紀初頭から中葉にかけて、演劇作品は消費の対象となっていきます。舞台と客席のインタラクティブなコミュニケーションが奨励され、劇場はエンターテイメントを提供する場であるとともに、考える場にもなっていきます。観客は舞台で演じられる出来事から、その背後にあるものを推測し、考察することが奨励されます。作品はすべてを描くのではなく、その背後にあるものを仄めかすメタファーとなっていきます。このメタファーを読み解くことが観劇の楽しみとなっていくわけです。

しかしこのような傾向に全くそぐわない、あるいは逆行するような特徴をもった演劇作品がパリを中心に、一九五〇年代前後に登場します。マーティン・エスリンという批評家がそれを「不条理演劇」と名づけ、『不条理の演劇』（一九六一）という本を出版します。それぞれの作家はこのようなレッテルを意識して劇作を書いていたわけではありませんが、それらの作品の多くがいくつかの特徴を共有していたのは事実です。あとで代表的な作品を挙げて説明しますが、まずはその特徴について確認していきましょう。不条理演劇は、それまで演劇を支えてきたいくつかのコンベンションを否定するものです。

（1）劇的な展開の拒否。サミュエル・ベケットの『ゴドーを待ちながら』（一九五三）はまさにその意味でエポックメーキングな作品です。ここではホームレスのような二人組が延々と無意味と思える会話を交わします。彼らは「ゴドー」という名の男を待っているのですが、どのような約束を交わしているのか、なんのために待っているかは全くわかりません。そしてとうとうゴドーはやってきません。物語は事件が起こることで展開しますが、『ゴドーを待ちながら』では事件そのものが起こりません。そのほかにも、事件は起こるものの脈絡をまったく無視したような展開しかもたらさない不条理演劇作品もあります。

（2）人物造形の拒否。ウジェーヌ・イヨネスコの『禿の女歌手』（一九五〇）は、二組の夫婦（スミス夫妻とマーチン夫妻）がそれぞれ無意味なやりとりをする芝居です。その冒頭のト書きは次のように始まります。

英国の中流家庭の室内。英国の肘掛け椅子がある。英国の夕暮れ。英国の肘掛け椅子のひとつにかけて英国人のスミス氏は、英国のスリッパをはき、英国のパイプをくゆらせ、英国の新聞を読んでいる。彼は英国の眼鏡をかけ、半白の、小さな英国の口ひげを蓄えている。かたわらの、別の英国の肘掛け椅子には、英国人のスミス夫人。英国の靴下をかがっている。長い英国の沈黙。英国の時計が英国の十七時を打つ。(★1)

ここで列挙されている「英国」はどのようなイメージを喚起するでしょうか。英国の「中流家庭」や「肘掛け椅子」はなんとなく想像ができますが、「英国の沈黙」までいくと、もはやそれがなにを意味しているのかよくわかりません。イヨネスコはステレオタイプ的な「英国」のイメージを利用し、それをパロディに転化します。このト書きではスミス氏とスミス夫人が英国人であるということ以外どのような特徴も伝わってきません。典型的な英国人として描かれていながら、英国人の典型がどのようなものなのかは情報がないからです。

自然主義以降、演劇がキャラクターに焦点を当てるようになったことは、本書で繰りかえしてきたことです。階級、人種、性別や職種に回収されない個性を浮かび上がらせることが重要になってきますが、イヨネスコはこのような傾向に逆行し、平凡さ、凡庸さを徹底化していきます。そしてそれは他の作家、サミュエル・ベケットやハロルド・ピンターの作品にも共通します。

（3）言葉の価値の否定。不条理演劇では言葉そのものが否定、排除されるわけではありません。その代わりに、言葉が意味を伝達するという前提が覆されます。意味をはぎ取られた言葉がその目的も不明なまま吐き出されます。再び『禿の女歌手』を参照してみましょう。

**スミス氏**　整った目鼻立ちだが、美人とは言いかねる。とても大柄で、がんじょうな女だ。目鼻立ちは整っていないが、まれにみる美人と言えるだろう。とても小柄で、きゃしゃな女だ。歌の先生なんだよ。[★2]

相互に矛盾するような言葉が並んだスミス氏の台詞は情報伝達を拒否します。対話や会話によって真実が明らかになったり、軋轢が生じたり、和解が可能となったりする、演劇の基本条件がここでは損なわれています。

エスリンは不条理演劇を西洋文学の流れに位置づけます。たとえば、人間存在の無意味さを提示する企図において、ジャン゠ポール・サルトルやアルベール・カミュの実存主義がその祖型とされます。『異邦人』（一九四二）、『シーシュポスの神話』（一九四二）などでカミュが論じたのは、人間の行動、感情には明確な意味はない、人生には目的がないということです。このような潮流と不条理演劇が多くのものを共有していることは否定できません。しかし実存主義が無意味さを合理的な言葉で説明しようとするのにたいして、不条理演劇は無意味さを無意味な言葉で体現させようとします。(★3)

一方ここでは、このような文学史的説明とともに社会史的な背景を重視してみたいと思います。第一次世界大戦（一九一四―一八）と第二次世界大戦（一九三九―四五）は、ヨーロッパを荒廃させただけではありません。人間の進歩という概念にも大きな疑問を投げかけました。科学技術の発展に代表されるような進歩史観や啓蒙思想は、このふたつの大戦でほとんど潰《つい》えてしまいました。第二次世界大戦は民主主義とファシズムの戦いといわれました。戦後は、資本主義が拡大し、市場経済が活発化するのにともない、社会主義も台頭し、資本主義対共産主義の、いわゆる冷戦構造が作られます。

世界の覇権がアメリカへと移っていくことも、ヨーロッパを襲う大きな地殻変動に勢いをつけます。民族、宗教、言語の入り混じった混沌が西洋を飲み込んでいきます。具体的にいうならば、多くの移民、亡命者が生まれます。その中で人々を魅了し続けたのはフランスのパリです。一九二〇年代にはヘミングウェイやフィッツジェラルド、ジェイムズ・ジョイスやジョージ・オーウェルなどの外国人が暮らしたパリは文化の中心として、ボヘミアン的な自由な雰囲気を追い求める芸術家たちの憧れの場所でした。戦中、戦後にそこに集まった作家たちによって不条理演劇と呼ばれる劇作群が生まれるわけです。

ベケットは一九三〇年代にアイルランドからパリに移住します。イヨネスコは一九四〇年前後にルーマニアから、アルチュール・アダモフはロシア生まれのアルメニア人ですが、一九二〇年代に、フェルナンド・アラバールは一九三〇年代にスペインからパリに移り住みます。その意味で、不条理演劇は実存主義よりも一九二〇年代パリのボヘミアン文化を継承しているといった方がいいかもしれません。

## 不条理の言葉

不条理演劇の特徴のひとつとして、コミュニケーションに貢献しない言葉がありました。特にその傾向はイヨネスコの作品に顕著に現れます。たとえば『授業』(一九五一)という作品では、中年の男教師が女生徒に個人教授をする様子が描かれます。ここで問題になるのは言葉を教えることの難しさです。教師は「ナイフ」という言葉を教えながら、女生徒を刺殺してしまいます。ここで言葉は、登場人物の意思を伝える道具ではありません。言葉が言葉を生み、加速度的に暴走し、人間はその犠牲となってしまいます。

そのことに関しては、イヨネスコの言葉にたいする態度を考える必要があります。ルーマニア生まれのイヨネスコにとってフランス語は第二言語でした。彼はフランス語を学習して習得したのです。そしてその習得した言語で劇作を創作したのです。

また一九五〇年には英語を学習することをきめます。イヨネスコの学習法は同化法というものでした。それは暗記のためにセンテンスを丸写しするという体育会的な学習方法です。"Jack is a boy"とか"Mary is a student"などの、教科書に出てくるようなフレーズを丸写ししながらイヨネスコは、そこに含まれる不条理性に気づきます。というもの教科書的なフレーズというのは実は日常ではあまり使用しない表現だからです。彼の戯曲は、一見普通に見える会話の中に潜む狂気、異常性、不条理といったものを浮かび上がらせるわけです。

『禿の女歌手』はもともと「楽しい英語」というタイトルだったといいます。イヨネスコは教科書に出てくるような言葉によって会話を編んだのです。だからこそすべてがステレオタイプ化されます。会話も登場人物も極度に典型化されるのですが、現実には到底ありえないということになります。イヨネスコの多くの作品には、どのような言葉にも外国語として接するような距離感があります。不条理演劇作家と呼ばれる劇作家のほとんどが、物心ついたあとにパリに移住し、異邦人として生活し、外国語としてのフランス語で執筆をしました。

イヨネスコや、ベケット、アラバールらの作品に共通するものは確かに多くありません。しかし言葉にたいする違和感、距離感を共有していることは確かです。そしてそれはときに登場人物の口からも漏れることがあります。ベケットの『ゴドーを待ちながら』のヴラジーミルとエストラゴンは次のような会話を交わします。

エストラゴン　そのあいだ穏やかに会話でもしてみよう、わたしたちは静かにすることができないから。
ヴラジーミル　そのとおり、わたしたちは尽きることがないから。
エストラゴン　考えることがないように。
ヴラジーミル　言い訳ができた。
エストラゴン　聞かないように。
ヴラジーミル　理由ができた。
エストラゴン　あの死んだ声を。
ヴラジーミル　羽ばたきみたいな音がする。
エストラゴン　葉っぱみたい。
ヴラジーミル　砂みたい。
エストラゴン　葉っぱみたい。
〔沈黙。〕
ヴラジーミル　いっぺんにしゃべりだす。
エストラゴン　みんな独り言。
〔沈黙。〕
ヴラジーミル　むしろささやいている。

エストラゴン　カサカサと。
ヴラジーミル　呟いている。
エストラゴン　カサカサと。(★4)

周りに充満する音を遠ざけるために会話するというヴラジーミルとエストラゴンの言葉は、発話者の意志を表すという機能をもはや持っていません。ただ単に発せられては捨てられる言葉です。しかもそれは捨てられ忘れ去られるだけではなく、落ち葉のように堆積し、乾いた音をたてます。「死んだ声」とも呼ばれる、彼らの周囲を満たす言葉はまさに外国語のようです。ベケットがパリに移住した当時の疎外の感覚が、ここに反映されていると想定することができます。

### 解釈の拒否

不条理演劇の作品の多くは明確なメッセージを持っていません。エスリンに倣っていうならば無意味であることを伝える(というよりは体現する)ために、無意味な言葉が列挙されるのだということができるかもしれません。『ゴドーを待ちながら』はその典型です。ヴラジーミルとエストラゴンは無意味な言葉を発し続けますが、そのあいだ事件らしい事件はなにも起こりません。ただ彼らは待ち続けますが、なぜ待たなければならないのか、また彼らが待っているとされている「ゴドー」が何者なのか、わかりません。

初演当初から「ゴドー」とはなにを意味するのか、様々な憶測がなされました。もちろん“Godot”

を“God”と考えたひともいます。バルザックの戯曲『メルカド』(一八五一)に出てくる“Godeau”という登場人物への仄めかしだという意見もありました。また「希望」、「救済」、「プロレタリアート革命」、「黙示録的な世界の終末」を読み込むひともいました。

アラン・シュナイダーは、アメリカでの初演の演出をベケットから託されていました。彼は率直に「ゴドー」が何を意味するのか作者に尋ねます。ベケットの答えは「もし知っていたなら作品に書いていたよ(★5)」というものでした。またシュナイダーがベケットの次作『勝負の終わり』(一九五七)を演出する際に、アドバイスを求めたときには、手紙で次のように答えています。「いたるところに動機を探さないように。もしあったとしてもわたしが関知しないものだ(★6)」。

『勝負の終わり』は簡素な部屋に閉じ込められた四人の家族らしき人物の物語です。その会話から彼らが人類最後の生き残りであろうこと、外の世界はもはや生存に適さないであろうことが推測されます。終末的なイメージに支配される作品ですが、その原因は決して明らかにされません。戦争が起こったのか、天変地異の結果なのかはテクストからは明らかになりません。一九八四年にアメリカの高名な演出家ジョアン・アカレイティスがこの作品を上演した際には、荒廃した地下鉄のトンネルらしき場所を舞台にします。このような演出にたいしてベケットは抗議をします。上演の際に配布されるパンフレットには、「わたしの指示を無視した公演(★7)」としてそれを痛烈に批判する抗議文を添付させます。このような態度は偏屈で頑固な作家像を描き出します。それは前衛的で実験的な劇作家としてのベケットと矛盾します。しかしここで大切なのは、彼がなにを拒んでいるのか、なににたいして抗議しているのか精査することです。

シュナイダーが求めたもの、アカレイティスが依拠したものは、「解釈」です。テクスト内にある情報を接ぎ木するコンテクストです。ベケットはそのような「解釈」を拒否しているのです。描かれていることがすべてということは、行間を読むことを禁じることでもあります。あるインタヴューでは、ベケットは「近代以降の演出のやり方は嫌いだ。そのような演出家にとってテクストは彼らの才能を証左するための口実に過ぎないのだから(★8)」と語ります。

二〇世紀の演劇は「演出の時代」と特徴づけられてきました。それは劇作にたいして舞台が優位に立つ時代でした。それにたいして、ベケットの著作の自由な解釈を許さない態度は前近代的なものといえるかもしれません。

近代的な演出方法の代表としてスタニスラフスキーのシステムを紹介しました。その演出方法は、登場人物にサブテクストを与え、テクスト外の情報を与えることでした。それはプロット主導のナラティブからキャラクター主導のナラティブへの転換を導くものでもありました。ベケットはそれに逆行します。背景とサブテクストを付け加え、登場人物を造形するような演出方法を拒否します。彼の芝居の登場人物は薄っぺらなままです。

しかしベケットの演劇がプロット主導のナラティブに戻っていくかというとそうでもありません。彼には『芝居』(一九六三)という戯曲があります。三つの壺が横一列に並び、それぞれからひとつずつ人間の首(ひとりの男とふたりの女)が出て、正面を向いています。スポットライトがあたると彼らは話し始めます。スポットライトは恣意的に切り替えられ、彼らの話も切れ切れの断片となります。断片的な言葉を総合すると、彼らは、男とその妻、そして男の愛人で、泥沼の三角関係をそれぞれの視点から語ります。そのタイトルやスポットライトの存在が示す通り、すべてが芝居がかっています。彼らはキューを振られる俳優のようにしゃべりだすのです。

彼らの自己弁護は、統一的な物語に回収されることを拒みます。どの視点が正しいのか観客には判断できません。それは共通のプロットがないからです。一方で、断片的な語りはサブテクストの構成を、人物造形をも拒みます。『芝居』はプロット主導のナラティブでもキャラクター主導のナラティブでもありません。むしろ「ナラティブ」、つまり「物語る」という行為そのものが否定されているようです。「物語る」ことの拒否は解釈されることを拒否へと通じます。物語がないということは解釈すべきテクストがないということでもあり、したがってそれは単一的なメッセージに還元されることを拒むことでもあります。『芝居』で三人の登場人物の話が、ひとつの物語に収斂しえないように、不条理演劇の作品から、みなが納得するようなひとつのメッセージを導きだすことはできません。

## 不条理演劇の政治性

自然主義以降の近代演劇は観客に積極的に働きかけ、考えることを促してきました。イプセンの社会劇以降、演劇は特権的な階層の人々のみに享受されることを止め、大衆を啓蒙し、意見発信する場となりました。そしてブレヒトの教育劇以降は、観客に考えること、「解釈」することを奨励してきたのです。

不条理演劇の作品が登場する一九五〇年頃、パリやロンドンの演劇の前衛はブレヒトの影響を受けていました。ロラン・バルトはブレヒトに関するエッセイをいくつも書いています。一九五〇年代から六〇年代にかけてイギリスで社会劇の重要性を訴えた演劇批評家ケネス・タイナンもまたブレヒトに依拠します。二〇世紀半ばは、社会と密接な関係を築こうとした近代演劇の努力が、一層目立つ時期です。イヨネスコとタイナンが行なった論争は、一九五八年六月にイギリスの新聞『オブザーバー』誌で始まり、年末まで続きます。オーソン・ウェルズまでが参加した、芸術の形式と内容をめぐる大論争は、不条理演劇と社会主義リアリズムの代理戦争となりました。社会変革を目指し、その問題点を明らかにしようとするブレヒトの演劇とは大きく異なり、不条理演劇は演劇の形式そのものを問題にします。(★9)

不条理演劇は舞台で起こっていることをそのまま受け取るように強要します。社会的な問題に還元できないような経験、別のコンテクストに置き換えられない戸惑いと困惑を観客に与える限りにおいて、不条理演劇は観客に考えることを禁じます。それは知性というよりは感性に、思考よりは感覚に訴えかけるのです。不条理演劇には政治的な視点が欠如しているという指摘があるのはこのためです。ブレヒトは観劇した観客が批評精神を保有したまま、現実生活に戻り、社会の現実問題に取り組むことを望みましたが、不条理演劇が観客に与えるのは通分不可能な経験です。直接的なメッセージを発せず、行動をも促さない演劇は確かに政治的には物足りないかもしれません。

『不条理の演劇』を書いたエスリンは、後年付け加えた文章で執筆当時のことを述懐します。

わたしはBBCワールドサービスのために退屈なNATOやOEECの会議の取材をしているときに、パリのレフトバンクの小さな劇場でほぼ偶然のようにそれらの芝居に出会いました。演劇批評家たちは、その当時わたしの心を深く動かしていたそれらの芝居の重要性と美しさを見逃しているようにみえました。そのような批評家たちに我慢できず、怒りさえもおぼえて、一九五〇年代の終わりにこれを書いたのです。(★10)

当時BBCに勤務していたエスリンは、北大西洋条約機構や欧州経済協力機構の会議の取材のためパリにきていました。そのような仕事にも関わらず、エスリンはセーヌ左岸の小さな劇場で上演されていたベケットやイヨネスコらの演劇作品に心奪われます。これはとても象徴的な記述です。北大西洋条約機構と欧州経済協力機構はともに冷戦構造下において西側諸国の連帯を計るための組織でした。鉄のカーテンというイメージに象徴されるように、冷戦時代はみえない敵の脅威におびえる時代でした。みえないもの、語りえぬものの存在が大きくなるにつれ、西側諸国では表面的な繁栄が謳歌されました。一九六〇年代に量産化され、家庭の必需品となるテレビは、カーテンの向こうのみえない敵よりも、新しい商品、娯楽、風俗を映し出しました。広告代理店という業種がもてはやされ始めるのもこの時期です。

ロラン・バルトの『神話作用』(一九五七)は、このようは現象にいち早く着目した研究でした。それは様々な社会現象を成立させる神話を、わたしたちの言葉でいえば「物語る」力を、分析したものでした。映画、テレビなどのサブカルチャー、プロレスなどのB級エンターテイメント、そして広告に代表される消費文化がこの時期に大いに語り始め、物語が氾濫し始めるのです。それこそがポストモダンと呼ばれる時代の特徴です。バルトの研究は、物語る力が芸術のみならず、日常生活そのものを支えるものとなったことを証明したものでした。

ベケットやイヨネスコの劇作がこの時期に登場したのは偶然ではありません。それは物語ることを拒否することで、周囲に氾濫する物語にたいして否を突き立てたのです。不条理演劇が現実に全くコミットしていないとはいえないでしょう。

ベケットがアイルランド出身だったことは前述しました。第二次世界大戦時、アイルランドは中立国でしたが、ベケットはフランスに留まり、ナチスに抵抗するレジスタンス運動に参加します。イヨネスコがルーマニアを離れパリに来たのは一九三八年頃です。すぐに第二次世界大戦が勃発し、フランスはナチスに占領されます。イヨネスコは故郷に帰ることも考えましたが、パリに留まることにします。劇作からは容易に伺うことはできませんが、不条理演劇の作家たち自身は、政治的な問題に背を向けていたわけではないのです。

イヨネスコの『犀』(一九六〇)は、ファシズムの脅威に飲み込まれて犀になってしまった群衆にたいして、自身を守ろうとする主人公の孤独な戦いを描いたものです。初期の荒唐無稽さは影を潜め、伝統的な戯曲の形式に近いものですが、単純な全体主義批判ではありません。むしろ、簡単に人間性を失ってしまう大衆社会の恐ろしさについて批判をしています。大衆との縮まりようのない距離感こそが、イヨネスコ、そして不条理演劇の特徴といえるかもしれません。

アラバール『戦場のピクニック』(一九五二)や、ベケット『勝負の終わり』など不条理演劇の劇作には戦争、あるいはそのあとの世界を描いたものもありますが、単純な反戦のメッセージに還元できるものではありません。異邦人としてそれをみる冷めた視線が特徴なのです。

最後にブレヒトと不条理演劇の微かな接点について語ってこの章を閉じましょう。ブレヒトは最晩年に『ゴドー』のふたつの翻案を構想していました。ひとつの翻案では、ヴラジーミルは「知識人」、エストラゴンは「プロレタリアート」、ポッゾは「地主」、ラッキーは「ロバあるいは警察官」とそれぞれの登場人物に階級、職種設定がなされていました。またもうひとつは、舞台背景に中国やロシアの革命の場面が映写されることが計画されていました。[★11] ブレヒトの死によってこれは実現しませんでしたが、のちにその計画を知ったベケットが一笑に付したことはいうまでもありません。

# 第一二章　新しい空間をもとめて

## 室内劇と階級

不条理演劇は言葉にたいする、物語ることにたいする異議申し立てでした。それは劇場という空間にそもそも備わっている様々な前提と、演劇というシステムを可能にしているテクノロジーを可視化することでした。ブレヒトの劇作と不条理演劇では、政治的、社会的問題へのアプローチが異なることは前章で検討したとおりです。しかし、演劇あるいは劇場というからくりを自虐的に暴露するようなやり方は両者に共通しています。

たとえばブレヒトの異化効果は、観客の感情移入を阻止するために、舞台上で行なわれているものがフィクションであることを自ら明かします。それはベケットやイヨネスコの演劇の自虐的な語り方と似ています。両者とも劇場と演劇が前提としている複雑なシステムと慣習に非常に意識的だったといえます。

二〇世紀以降、室内劇が圧倒的に増えていきます。荒野や戦場、貴族の大邸宅、城の内部などが舞台とされる劇の代わりに、普通の家庭の客間などを舞台とする演劇が増えてきます。それはブルジョアや大衆が台頭した社会の反映です。一九世紀にイギリスで発達した客間喜劇は、上流階級の人びとが、自宅で客をもてなす習慣を描いたものです。客間は、室内でありながら公的な機能を果たす場所です。プライベートとパブリックが入り混じるその空間で、本音と建前を交錯させる人々を面白おかしく描いた劇作がこのように総称されたのです。オスカー・ワイルドの『真面目が肝心』(一八九五)やノエル・カワードの『ヘイ・フィーバー』(一九二五)がこのジャンルの代表作です。

二〇世紀前半のフランス演劇は、閉鎖的で密室のような空間を舞台にした演劇が前衛を占めます。ジャン・ジロドゥやジャン・アヌイ、あるいはサルトルやカミュなどの実存主義者の劇作はその顕著な例です。それは戦時中にナチスに占領されたフランスの経験の影響といえるでしょう。それにたいして、イギリスにはそのような切迫した雰囲気を醸し出すような劇作はあまり生まれませんでした。イギリスは空爆もされましたが、本土自体が戦場となることがなかったためか、戦争の残酷さとは程遠い雰囲気をもつ劇作が依然として主流であり続けました。

このようなイギリス演劇の状況に関して、ケネス・タイナンは『オブザーバー』誌(一九五四年一〇月一日)で次のように批判します。

墓碑を探しているなら、周りを見回すがいい。いま流行している戯曲のジャンル――ロームシャイアー・プレイ――がまったく無効であることを確認すればいい。それはかつてロームシャイアーと呼ばれていたところ、いまはリアリズムへの英雄的貢献によってときにバークシャーと呼ばれるところにあるカントリーハウスを舞台としている。くしゃみしたり、人が殺されたりするとき以外は、お天とさんは相変わらず照っている。その住人はある社会階級に属している。その階級は、一部はロマンチックな小説に由来し、一部は劇作が成功したらその劇作家がおくろうと思っている優雅な生活の夢に由来している。このために劇作家は想像力を働かせさえすればよい。喜びと哀しみは忍び笑いとすすり泣き。糾弾の応酬は「まったくもう、おかあさん！」か「ほんとうにおとうさんたら！」というオチに堕してしまう。こんなことが続いているのはゾッとする。こんなパラグラフは過去三〇年のうちどこかで書かれてもよかったはずなのに。(★1)

いまだに古き良き時代を懐かしみ、変化に乏しいイギリス演劇を難じるタイナンは、それを「ロームシャイアー・プレイ」と呼びます。「ロームシャイアー」はジョージ・エリオットの小説『フェリックス・フォルト』(一八六六)の舞台である架空の地名です。保守的な風土を育むその場所にちなみ、タイナンは回顧的に中産階級の生活を理想とするような劇作家を、イギリスの過去の栄光にすがっているだけと非難したのです。いうまでもなくそれは「客間喜劇」の延長線上にあるジャンルです。

現実には様々な社会的変動が生じ、階級社会の存在が問題視されているにも関わらず、それらからは目を背け、変わらぬ光景と言葉を再生産する旧弊を批判するタイナンの問いかけに共鳴するように、ジョン・オズボーン、シーラ・デラニーらの若手劇作家が、労働者階級の若者たちの怒りややるせなさを描きました。それらの演劇は「キッチンシンク・ドラマ」とも呼ばれました。イギリスの家の多くは、ビクトリアン・ハウスと呼ばれる一九世紀の建造物でした。特に中産階級以上に向けて建てられたビクトリアン・ハウスは、家族だけでなく使用人の部屋もある大きなものでした。二〇世紀半ばになり、核家族化が進むと、このような住居形態は現実のニーズにそぐわないものになります。そのため、大きなビクトリアン・ハウスを分割し、複数の家族が居住できるように改修されました。その改修の結果生まれてきたのが「コンバーテッド・フラット」や「ベッドシット」——単身者あるいはカップル向けの住居——です。これらの狭小な住居ではキッチンがどこからも見えてしまいます。そのような場所に生きるしかない若者の鬱屈とした生活を描く劇作が「キッチンシンク・ドラマ」といわれたのです。

「ロームシャイアー・プレイ」と「キッチンシンク・ドラマ」が示しているのは明らかに階級の問題です。ここではイギリスの階級問題を論じる余裕はありませんが、階級差が住居環境によって表されていることに注目しましょう。「ロームシャイアー・プレイ」のカントリーハウスの客間は、部屋が機能分化している住宅の一部であることを示しています。そこではたとえ家族であろうとも自分の一部しかさらけだす必要はありません。観客は登場人物の表の振る舞いとは別の真意があることを潜在的に知ることになります。それにたいして「キッチンシンク・ドラマ」のコンバーテッド・フラットやベッドシットは衣食住が押し込まれた多機能空間です。そこでは登場人物の心の襞の奥まで観客はみることになります。空間の仕掛けは階級差を表しているだけでなく、戯曲そのものの質的な違いも表しているわけです。

室内空間がイギリス社会の一部を象徴するという方法論は、多様化していく社会をとらえる目的には適さないものとなっていきます。二〇世紀後半、教育の普及、奨学金の充実などにより、労働者階級出身でも高学歴を獲得するものが、階級移動するようになります。階級は社会的ステータスを示す唯一の指標ではなくなってきます。階級と経済力が一致しなくなるからです。

演劇もそのような社会の変化に対応するようになります。テレンス・ラティガンの『銘々のテーブル』(一九五四)はふたつの一幕劇(「窓際のテーブル」、「七番席」)からなる二本立て上演のタイトルです。全く異なる内容ですが、同一のホテルのレストランを舞台にしています。それぞれの主要登場人物は異なりますが、同一の俳優によって演じられます。ふたつの劇はひとつの空間を共有し、ともに人生の再起を願う大人たちを描きます。とても親密な会話を交わす主要人物たちの周りを、ホテルやレストランの従業員が囲みます。真実と嘘、本音と建前の交錯を演出するホテルのレストランもまた、プライベートとパブリックを混在させる点で、客間喜劇の客間のような機能を果たします。しかし客間とは異なり、その空間は登場人物の所有するものではありません。彼らは客に過ぎず、スタッフから束の間のサービスを受けているだけなのです。同一の俳優たちによって演じられる別々の人物は、既視感を醸成し、ロマンチックで哀しげな物語が社会に偏在しているような印象を与えます。

また、アラン・エイクボーン『ほかのひとたちの愛し方』(一九六九)はこのような試みをより徹底していきます。一部が重なり合うふたつの客間で繰り広げられる、三組のカップルの虚々実々が描かれるこの芝居は、もはやプライベートとパブリックを区別することが困難になります。このような劇作は、イギリスの室内劇の伝統がすでに成立しがたくなっていることを示しています。

ここでひとつ面白い例をみてみましょう。ベケットに『エレウテリア』(一九四七年執筆、未上演)という戯曲があります。フランス語で書かれたものですが、階級差、世代の意識のずれが前景化された非常にイギリス的な劇作です。ベケットは一九三〇年代の半ばにロンドンで生活していたのですが、その頃の経験を踏まえた作品だと思います。

クラップ夫妻とその息子ヴィクトールが主要登場人物です。ヴィクトールは二年前に家を出て、親とは離れ、今でいうところのニートのような生活を送っています。『エレウテリア』で面白いところは、物語が舞台空間の設計そのものに反映されている点です。

この作品は、最初の二幕では、異なるふたつの場所を並置する舞台設定になっており、したがって、同時に進行するふたつのプロット、メインプロットとサブプロットからなる。サブプロットにはいくつかの短い台詞以外言葉はなく、身振りによる表現はただひとりの人物の曖昧な姿勢や動きに限られている。実際のところ、それはプロットというよりは、しばしば無人になるひとつの場所である。

〔中略〕

最初の二幕の舞台は、ふたつの離れた場所を実際の空間に並置して表す。つまりヴィクトールの部屋とクラップ家の小さな客間の一隅とを、後者が前者に囲みこまれるように配置する。仕切りはない。不潔が清潔さに、さもしさがまっとうさに、ゆとりが混雑に変わる具合に、ヴィクトールの部屋がそれとわからないうちにクラップ家の居間になっている。

〔中略〕

メインプロットとサブプロットは互いに浸食しあうことはなく、また互いに解説を行なうこともほとんどない。両側の登場人物の相手方に向かう動きは、彼らにしか見えない障壁によってはばまれている(★2)。

『エレウテリア』では、ヴィクトールの物語とクラップ夫妻の物語が同時進行します。それはそれぞれメインプロットとサブプロットと呼ばれます。ふたつの物語を展開するための場面転換はありません。初めから両者の空間が舞台上に並置されているからです。重要なのは、時間的(物語的)な概念であるはずの「プロット」が空間を表している点です。

そもそもサブプロットは「伏線」とも呼ばれ、最終的にはメインプロットに回収されるのが理想とされました。しかし『エレウテリア』では、メインプロットとサブプロットに空間的な表象が与えられるとともに、両者の断絶、不浸透性が強調されます。ブルジョアあるいは大衆の台頭により、社会の構成はより複雑化、細分化していきます。ベケットはそのような多層化した社会がコミュニケーションを失い、機能不全に陥ってしまった様子を描いています。

メインプロットを「キッチンシンク・ドラマ」、サブプロットを「ロームシャイアー・プレイ」のパロディと考えることができるならば、『エレウテリア』のふたつに分割された舞台空間は、ふたつの現実(あるいは階層)に対応しているというよりも、ふたつの劇的レトリックに対応していると考えるべきでしょう。チェーホフの芝居では、重要な事件が舞台外で起こり、それが舞台上の出来事や人間関係に影響を及ぼすことになります。メインプロットとサブプロットのダイナミックな転換が起こるわけです。『エレウテリア』ではそのような転換の代わりに、分割された舞台が提示されるわけです。

『エレウテリア』は『ゴドーを待ちながら』とほぼ同時期に書かれたものです。両方の台本を渡された演出家ロジェ・ブランは『ゴドーを待ちながら』を選び上演し、それがセンセーショナルな反響を巻き起こし、ベケットを一躍有名作家へと押し上げていきます。しかしなぜ『エレウテリア』は選ばれなかったのでしょうか。その理由はもはや明らかではありません。ブランの選択は、劇作としての出来栄えの判断といってしまえばそれまでですが、この作品が本質的に持っているある困難が少なからず影響しているはずです。舞台にふたつの空間をつくり、幕間にはその配置を変えるというトリックは簡単には実現できません。それにたいして『ゴドーを待ちながら』に必要な舞台装置は真ん中に立つ木のみです。

『エレウテリア』は当時の劇場のシステム、演劇という機構への挑戦でもありました。『ゴドーを待ちながら』の成功後、ベケットは世間に背を向けたストイックな作家というイメージによって認知されていきます。ミニマルな舞台に普遍を描く作家として尊敬されていきます。『エレウテリア』はベケットの関知する範囲において上演されることはありませんでした。彼自身がそれを禁じたからです。ストイックな作家としてのベケットのイメージは、ロジェ・ブランが『ゴドーを待ちながら』を選択したことがきっかけで作られたものかもしれません。もし『エレウテリア』が上演されていたならば、もっと異なったベケットの劇作が、つまり演劇のコンテクストを踏まえたような作品が創られるようになったかもしれません。

## システムとしての劇場

二〇世紀の演劇は、上演が戯曲以上に重要視される時代を迎えます。それに比例して舞台空間への関心も増していきます。特定の演劇のために特定の舞台を整えたいという欲望をもつ演出家が出てきます。しかし、そのような思いはたいてい叶うことはありません。なぜならば、劇場は特定の上演のためにあるのではなく、様々な上演に対応できる汎用性の高い場でなければならないからです。上演はあくまでもソフトであって、劇場というハードのしくみそのものを変えることはできないわけです。

演出家のパイオニアとして、エドワード・ゴードン・クレイグについてはすでに論じました。先見の明を持ちながらも実際の仕事には恵まれなかったことも付け加えました。その理由は、彼が常に特殊な舞台装置を考案していたからです。それは劇場の経済的判断において却下され続けたのです。

クレイグは演劇の芸術的価値を担うものとして演出家を位置づけました。それはプロデューサーが担う演劇の経済性と対置される仕事でした。演劇は常に興行としての側面を持っています。集客が見込めなければ上演はされません。他のジャンルと演劇の違いのひとつは、それが芸術的追求と経済的利潤のバランスを取らなければならない点です。もちろん売ることを念頭において創作している作家や画家もいますが、演劇は特に支出と収入のバランスを念頭に置かなければならないジャンルです。多くの人間の力を必要とするからこそ、それらの人間関係のバランスがお金で図られるわけです。

そのことをいち早く考察の対象にしたのは、やはりベルトルト・ブレヒトです。「オペラ『マホガニー』への注釈」での次のような分析はいまだに傾聴に値します。

先の先を見る人びとが変革を考えないのは、かれら〔劇作家、演出家〕が自由に創案したものを提供する機構、つまりかれらの思いどおりになる機構を、手中にしていると信じているからである。しかしかれらは自由に創案しない――機構は、かれらがいてもいなくても、その機能をはたす。劇場は毎晩開き、新聞は日にX回あらわれる。それらは、それらが必要とするものを取りあげるが、必要なものとは、たんに一定量の材料にすぎない。(★3)（〔〕内は筆者による）

ここで「機構」と呼ばれているものは、定期的に開場・開演しなければならない劇場の慣習的な制度を指しています。そしてそれは経済的な理由によるものです。少ない投資で多くの利益を上げるためには、同じ作品が何度も上演されることが望ましいですが、それ以上の集客が認められないときには打ち切りも必要です。多くの劇作家、演出家、役者たちは劇場が自分たちの場であることを疑いません。しかし、それを支配しているのは、彼らの創造性とは全く異なる、経済的な合理性です。戯曲と上演はそのような「機構」を働かせるひとつのピースに過ぎないのです。

ブレヒトにとって問題は、この「機構」が製作者（劇作家、演出家、スタッフ）のものでも、観客のものでもないことです。

誤謬はもっぱら、こんにちではまだ機構が万人のものではなく、生産手段が生産者に属せず、したがって労働が商品の性格をおびて商品の一般法則に支配される、という点にある。芸術は商品であり――生産手段を欠いては製作されえない！(★4)

この引用は少し難しいのですが、「生産手段」を「機構」としての劇場と理解すればわかりやすくなるかもしれません。芸術作品も「商品」であるという考えはヴァレリーの考察を引き継ぐものです。だからこそ、それは製作者の意図とは違ったかたちで消費(解釈)されうるのです。この製作者／消費者の二元論に、マルクス主義者であるブレヒトは「生産手段」という視点を導入します。それが資本家のものである以上、作り手も観客も搾取され続けなければならないのです。

『ゴドーを待ちながら』の想定外の成功に驚いたベケットが、演出家のロジェ・ブランに「次はもっと客が来ないようにしよう」といって『勝負の終わり』を書いたという有名なエピソードがあります。これは厭世的で人間嫌いのベケットを示すエピソードとして、よく冗談半分に引用されるジョークです。しかしこれは、「生産手段」あるいは「機構」をわがものとできない、弱い作家の立場に自虐的に触れた言葉として理解した方がいいのではないでしょうか。ベケットのこのような言葉は、観客を拒否しているわけではなく、「機構」に依存し続ける演劇にたいする批判を含んだものと考えるべきなのです。

イヨネスコの『禿の女歌手』は、教科書に出てくるような会話が破綻をきたし、言葉がノイズにまで解体される様子で幕を閉じます。しかしこの作品の終幕にはいくつかのヴァージョンがあります。日本語訳には「他のいくつかの可能な、未発表の幕切れ」として、オルタナティブな結末が掲載されています。それは以下のようなものです。

空虚な舞台のまま何事もおきず、観客からのブーイングが想定されるころ、俳優たちが演じる暴徒が舞台に駆け上がります。

暴徒が舞台を占領して、装置の奥に向かったとき、舞台の四隅から機関銃が発射される。まがいものの機関銃にまがいものの銃弾。なぜなら実のところ、これまた本物は期待できないから。暴徒は倒れて死ぬ。劇場支配人、作者、警官、数人の憲兵が舞台裏から静かに姿をみせる。劇場支配人は、横たわった屍体を数えて、満足そうに同僚を振り向く。

**劇場支配人** (屍体を数え終わって)悪かない。……あす、もっと増えればいいが。おめでとう。おまわりさん。

**作者** (支配人に)助けてくれて、どうもありがとう。(客席を指さす。そして観客に向かって)あたしは、国家のご用作家ですぞ!

**支配人** (肝をつぶした観客に向かって)こらこら! ここは、きみたちのいるところじゃない! 関係もないのに、きみたち、なにをしとるんだ? これが目にはいらんか! (舞台の屍体を指さす)いいみせしめだ。こんな目に合うんだぞ! われわれは、客がここに来るのを阻止し、わが文化財のもっとも崇高な施設である劇場、女優の気高き聖堂である劇場を守っているのだ! (憲兵に)追っ払え。(観客に)もうごめんだ、二度とここに足を踏み入れるな。(作者と劇場支配人、警官は互いに祝意を表し合う。舞台裏から出てきた俳優たちも同様。彼らは抱き合い、愉快そうに語り合う。憲兵は機関銃を手にして乱暴に立ち去る)[★5]。

このような過激な結末は、その過激さゆえに本来の意図が見えにくくなっています。しかし最後の劇場支配人の「われわれは、客がここに来るのを阻止し、わが文化財のもっとも崇高な施設である劇場、女優の気高き聖堂である劇場を守っているのだ！」という言葉に、イヨネスコのアイロニーが伺えます。無論、現実には劇場はもはや崇高な施設ではなく、単なる「機構」でしかありません。

自然主義以降の演劇は、大衆社会の成立に呼応するように、ありのままの市民の姿を描くリアリズムを展開してきました。『禿の女歌手』は、演劇に託されたそのようなタスクを嘲笑するように、絵に描かいたような超典型的なブルジョアたちを描いたのです。この結末は、そのように社会に迎合しながらも、卑俗なものに堕すことから舞台を守ろうとする劇場の権威を荒唐無稽に描いたものです。

ブレヒトと不条理演劇の劇作家が共有しているのは、作家や演出家のコントロールの埒外にある「機構」としての劇場への抵抗です。演劇の創作はどうしてもそのようなシステムの影響を受けてしまいます。そのような「外圧」をはねのけ、あるいはそれと折り合いをつけながら、創作の独立性をいかに保つかが演劇人の関心となっていくのです。

このような考え方の極点にポーランド出身の演出家、理論家イェジュイ・グロトフスキがいます。非常に影響力を持った論考「持たざる演劇をめざして」（一九六五）は、映画、テレビなどの競合ジャンルを利用しながら、総合芸術を目指す演劇を、「持てる演劇」と批判します。それにたいして、不純なものを排除し、演劇の本質となるものを禁欲的に探究する「持たざる演劇」を自らの信条として掲げます。

余分なものとはっきりしたものをすべて漸次除去していくことにより、われわれは、メーキャップがなくても、それだけでも通用する衣装やたっぷりとした装置がなくても、客席から仕切られた上演の場（舞台）がなくても、照明や音響効果（その他）がなくても、演劇が存在できることを知った。ただ知覚に訴え、じかに「生きた」交わりをもつ俳優と観客の関係がなくては、存在することはできない。[★6]

スタニスラフスキー以降の演劇の大革新の伝統と対決するというグロトフスキが退けようとするのは、テクノロジーへの依存です。劇場照明技術の発展と演出家の誕生に密接な関係があることはすでに論じましたが、グロトフスキはこのような流れを巻き戻し、前近代的な、あるいは彼自身の言葉を用いるならば「宗教的」な演劇のかたちを求めます。

グロトフスキの考え方は「演劇原理主義」ということができます。かなり特異な考えではあるのですが、演劇を取り巻く環境の変化を考えるならば、そのような挑戦の意図も理解しやすくなるでしょう。

## なにもない空間

英語で「劇場」を意味する単語"theatre"は「演劇」をも意味します。それは上演が行なわれる場所（ハード）を示すとともに、そこで行なわれる上演そのもの（ソフト）をも示す言葉なのです。このような語の両義性は、二〇世紀中頃の劇作家、演出家たちが苦闘を照らし出します。それは、演劇という大きなシステムのなかに、自らの仕事の領域を確定しようとする努力です。それは、"theatre"（劇場）から"theatre"（演劇）を分離することを目的にしたものです。

一九五〇年代以降、演劇を定義しようとする試みが各方面からなされましたが、これは演劇と劇場が複雑に制度化していったことと密接な関係があります。巨大な歯車のように動く機構のなかで、自らが拠って立つ生産手段を確保することが大切だったのです。演劇評論家のエリック・ベントリーもまた演劇の定義を試みたひとりです。「Cが見つめるあいだ、AがBを演じる[★7]」というのが、ベントリーの提出した定義です。アリストテレスの定義「悲劇そのものの機能は、たとい競演にあがらなくても、すなわち演じる役者がいないとしても、尚かつ存在するもの[★8]」とは大きく異なり、上演に焦点が移っているのがわかります。ただ単に演技そのものではなく、観客の存在に言及されていることも看過できません。

ピーター・ブルックはイギリス生まれの演出家で、現在はパリに活動の拠点を移し、国際的に活動をしています。シェイクスピアからベケットまで幅広い作品を独自の方法で演出し、世界中から尊敬されている、おそらく今までで最も有名な演出家です。ブルックはまた著作を発表し、彼自身の演劇観や演出方法などを明かしています。彼の代表的な著作『なにもない空間』（一九六八）の冒頭に次のように演劇が定義されています。

どこでもいい、なにもない空間——それを指して、わたしは裸の舞台とよぼう。ひとりの人間がこのなにもない空間を歩いて横切る、もうひとりの人間がそれを見つめる——演劇的（theatre）

行為が成り立つためにはこれだけでたりるはずだ。ところがわたしたちが普通いう演劇（theatre）とは、必ずしもそういう意味ではない。真紅の緞帳、スポットライト、詩的な韻文、高笑い、暗闇、こういったものがすべて雑然と、ひとつの大雑把なイメージの中に折り重なり、ひとつの単語で万時賄われているのである。（★9）

ここにはあきらかにグロトフスキの影響がうかがえます。実際にブルックはそれを明言しています。また、演じるものとそれを見るものの関係が演劇の根源的条件であり、なにもない空間こそが演劇のゼロ地点というその主張は、ベントリーの定義と近いものがあります。しかしブルックは"theatre"という言葉の両義性を踏まえつつ、演劇と劇場の領域を明確に区別しようとしている点で、論点がより明白です。「真紅の緞帳、スポットライト、詩的な韻文、高笑い、暗闇」は演劇を演劇らしくみせる慣習、儀式のようなものであり、「劇場」あるいは「機構」に属するものです。ブルックはそのような副次的な装飾物から「演劇」そのものを区別しようとするのです。そのときに彼が見出したのが、見るものと見られるものの関係です。

ブルックは西洋において制度化した演劇のリセットを試みます。演劇が成立するゼロ地点を模索しながら、不純なものを剥いでいったのです。ここで見出されたのが、俳優と観客の関係であったことは非常に意味深く思えます。一九世紀の終わりから二〇世紀の演劇を概括すれば、劇作家から演出家へとその力学の中心が移動したのがわかります。ベントリーやブルックの言葉が示唆しているのは、二〇世紀後半には舞台と観客席の関係へとそれが推移している点です。

このような主張が読者受容論とほぼ同じ時期に提出されていることは偶然ではありません。作品は解釈(消費)されるものだという考えがジャンルを越えて受け入れられてきた結果だと思われます。しかし演劇ではより根深い問題が照らし出されています。

近代演劇が劇場空間の変化とともに誕生したことはすでに本書で述べたことです。特権階級のサロン的空間であった劇場が、幅広い階層の大衆を受け入れる場所となったことで、等身大の市民を描く自然主義演劇が生まれたのです。舞台がリアルであることを追求する一方、劇場の慣習は残っていきます。ブルックが挙げている「真紅の緞帳」はとても象徴的な存在です。それが上下することで上演の始まりと終わりが明確にされるとともに、舞台と観客席の境界線も明らかにされます。それは観客が見たものが作り物であることを示すだけでなく、上演が劇場という「機構」の一部であることをもはっきりと示すのです。したがって、「真紅の緞帳」は「演劇」の輪郭を確定する装置でもあるのです。

舞台と観客の関係こそが演劇の原点だというブルックの主張は、演劇を機構から解放するものです。演劇を条件づけるのは場所や制度ではなく、見る／見られる関係だとする考えは、やはり演劇原理主義的です。一九六〇年代から七〇年代、ブルックの故郷イギリスではロイヤル・シェイクスピア・カンパニーやナショナル・シアターなどが公的助成を受ける劇場として整備されます。これに代表されるように、二〇世紀後半は、劇場が徐々に国家や地域を文化的に象徴する場となっていきます。ブルックは演劇の精神を、このような場所ではなく、見る／見られるという関係性に見つけだそうとするのです。その視線は、劇場ができる以前の、ギリシャ悲劇以前の、前歴史で、原始的な演劇の形式に注がれることになります。そしてそれはまた、様々な制約、慣習、伝統、歴史などによって複雑に制度化してしまった演劇への批判ともなりうるのです。

さてその後、ブルックは自らの主張を実証するかのように行動します。『なにもない空間』を出版した二年後に国際演劇研究センター(International Centre for Theatre Research)をパリに設立します。その国際色豊かな俳優とスタッフたちのカンパニーは、パリの北にあった、すでに使われなくなった劇場を拠点と定めますが、その活動はひとつの場所に縛られないものでした。また複数の言語の飛び交う上演は、観客を驚かし魅了しました。

しかし、国際演劇研究センターの試みのなかで白眉なのは、それが旅を伴う集団であったことです。一九七一年にイランへの公演旅行から帰ったブルックは、翌年仲間を引き連れて三月半のアフリカ旅行に出かけることになります。なぜアフリカに行かなければならなかったのか、その理由は翌年のインタヴューで次のように説明されます。

アフリカの人々はとても豊かで、とても成熟した、複合的な伝統とともに生きています。伝統的なアフリカの生活は、想像力が大きな、全体を統合する役割を担う生活です。すでに述べたように、ふたつの世界、つまり物質的な世界から虚構の世界へ、そこからもとに帰る道筋(これはすべての劇的形式が基盤とするものです)、別のいい方をすれば、目に見える世界と見えない世界の共存。これは、アフリカで捻じ曲げられ、鍛えられ、発展されました。西洋の演劇の歴史に全く影響を受けていない観客、しかしとてもしっかりした心構えのある観客の前で演じたのです。
事実、彼らにとってこのような形式は全く自然なものだったのです。(★10)

この彼の言葉がやや誤解を招く可能性があることは事実です。アフリカの人々にとって神話などが非常に身近なものであることは確かですが、それを現実と虚構を区別していないと明確に断定してしまうのは、いかにも西洋文化人の陥りそうな偏見です。ブルックの文化論の限界があるという批判もあるかもしれませんが、そのことをここで問題にすることは避けましょう。ブルックの演劇にとって最も重要なのは俳優と観客の関係です。しかし西洋演劇の伝統を持った地域では劇場だけでなく観客もまた慣習化、あるいは機構化されてしまいます。アフリカ・ツアーは新しい演劇の関係を模索するものであったといえるかもしれません。ブルックの企図は西洋演劇のマーケット開発でないことに注意をしなければなりません。それが周縁を拡大する中心の運動であるならば、新たな植民地主義を生むだけに終わってしまいます。ブルックはむしろ、西洋演劇伝統そのものを刷新すること、その中心をずらすことを目的にしたのです。

グロトフスキが時間をさかのぼり前近代的な演劇の形式を求めたのにたいして、ブルックは国家や経済、言語という枠組みを超えたところに創作の場所を探し求めました。グロトフスキが時間を遡行し、純粋なコアを追い求めたのにたいして、ブルックは様々な境界の乗り越え、異質なものの出会いに生じるシナジーを演劇の力と考えました。ふたりの方法は異なりますが、ともに、近代以降に発展してきた劇場テクノロジーや観劇習慣の彼岸に向かったという点は共通しています。

すでに述べたとおり、演劇は社会と単純に対立しているだけでなく、その内部に様々な対立を抱えている芸術ジャンルでした。クレイグは劇場の仕事に分業制をもたらし、その対立を整理しました。それは近代的な演劇制作のモデルを提供しました。ブルックやグロトフスキは、演劇が近代化に向かう時計の針を逆回転させたのです。彼らが劇団に求めたのは、前近代的で、共同体的な関係でした。ブルックは国際演劇研究センターを「完全な同質性」(★11)を目指すコミュニティと位置づけています。

一九六四年に結成された太陽劇団の設立の中心にいたのは、アリアーヌ・ムヌーシュキンという女性でした。彼女は、演出家、裏方、俳優などの区別をせず、すべてのものが対等な立場から集団制作することを目指しました。演出家が先頭にたち、専門家集団を引っ張るのではなく、ここではすべてのスタッフの水平な関係になりたつ討議と合意が重要なプロセスとなりました。

注意が必要なのは、それが対立の解消をもたらすものではなかったということです。たとえば、ブルックの劇団は多様な国籍、民族の俳優、スタッフによって運営されています。そこには様々な軋轢があったでしょう。ロシアで生まれ、イギリスで大学教育を受け、フランスで演劇活動をしたムヌーシュキン自身は、国際性の象徴的存在ですが、太陽劇団の劇団員もまた国際色豊かな面々がそろいました。その上演も様々な文化から多種多様な要素(イタリアのコメディア・デラルテから歌舞伎まで)を取り入れたものでした。

これらの劇団は、職務上の階梯を無くし、代わりに異文化間の緊張を意図的に取り入れました。それらは演劇を上演するためのカンパニーであると同時に、新たな生き方、生活スタイルを模索するものでもありました。そのような共同体のあり方は、それまでの演劇だけでなく、国家にたいする挑戦でもありました。劇作家と演出家、演出家と俳優、そして舞台と観客席の対立は徐々に別のものへとかたちを変えていきます。それに応じて、演劇と社会の関係も変わっています。最後にその関係がどのように変わったのか確認しましょう。

# 終章　比喩としての演劇

## 劇場を捨て、街に出よ

マルグリット・デュラスのあまり知られていない掌編小説、「花を売るアルジェリア青年」（一九五七）を参照してみましょう。舞台はパリのサン・ジェルマン・デ・プレ界隈のヤコブ通りとボナパルト通り交差点、交通量の多い場所でもあります。そこに花を売ろうと荷車を押してやってきたアルジェリアの青年に焦点が当てられます。彼は販売許可をもっていないため、ふたりの警官に目をつけられ、荷車をひっくり返されてしまいます。

しかしそのあと婦人がもうひとり市場からやってくる。彼女は見る。花々を、花を売っていた罪のある青年を、大喜びしている婦人を、二人のムッシュー（警官）たちを。ひとことも口をきかずに、彼女は身をかがめ、花を拾い、アルジェリア青年の方へ行って、代金を払う。またべつの婦人がやってきて、拾い、支払う。四人の婦人がやってきて、身をかがめ、拾い、支払う。十五人の婦人たちが。相変わらず無言のまま。ムッシューたちはじんだを踏む。でもどうすることができようか？　その花は売り物で、人びとが買いたがるのを妨げることはできない。
わずか十分つづいただけだった。もう地面には一輪の花もない。
そのあと、ムッシューたちはアルジェリア青年を交番に連行する暇ができた。（★1）

アルジェリア青年と彼を取り締まる警官という関係には植民地主義が陰を落としています。それにたいして主婦たちが実践するのは、オルタナティブな消費の形態です。市場でないにもかかわらず、自然に発生した売買は、そこに進行する日常を一時停止させ、都市空間に異空間を生み出します。デュラスが描いたのは、都市を管理するものとそれに抗う自然発生的なコミュニケーションです。デュラスがこの短編を発表してから約一〇年後、パリでは五月革命（一九六八）が起こります。もともとは大学における教授陣への抗議として始まった運動はゼネラル・ストライキにまで発展します。学生たちが街の至る所にバリケードを建て、インフラを遮断し、都市機能を不全状態に陥れてしまいました。ブルックが『なにもない空間』を発表し、国際演劇研究センターの構想をしていたとき、パリは騒乱の真っただ中にあったのです。

そもそも近代都市は流通のハブとして構想されました。一九世紀にジョルジュ・オスマンによってパリ改造が行なわれた結果、ブルヴァールと呼ばれる大通りが建設されました。それは複雑な路地を整理するとともに、インフラの整備をしました。人とものと金の流通をスムーズに行なう都市は以後の近代都市計画に理想的なモデルを提供しました。

都市に生きるわたしたちの日常は流通と循環によって維持されています。定時に来る電車やバス、安定供給される電気、水道、ガス、食糧、正確に送り届けられる物品が生活を支えてくれます。生活のまわりを常に動き回るこのような流れはしかし、ときに息苦しさをうみます。なぜならば、わたしたちもまたこのような流れを維持するために尽力する必要があるからです。定時に電車が来るのはわたしたちを遅刻せずに会社に着かせるためです。電気がきちんと供給されるのは、期日に遅れずにわたしたちが仕事を終わらせるためでもあります。

二〇世紀のアメリカでは高速道路の建設ラッシュが起こります。それに関して社会学者のマーシャル・バーマンが次のようにいいます。

このあたらしい体制はアメリカ全体を、自動車を活力源とする、統一したひとつの流れに収斂させました。それは都市を基本的に、交通を妨げるものとして、アメリカ人ならば何としても逃れなければならない、低水準住居の集まるごみ溜め、崩壊する地区として構想しました。(★2)

バーマンがいっていることは少し極端かもしれませんが、近代以降の都市計画の矛盾を指摘するものです。都市を支えるためのものであった流通が、都市そのものを崩壊させてしまうのです。移動のスピードが上がり、その距離が延びるとともに、都市は様々な流通のハブから単なる点へと変わってしまいます。移動、流通、循環から取り残された場所になってしまったのです。

これはアメリカの都市だけの問題ではありません。移動、流通、循環のためにあるような近代都市は、みなその内部にスラムをつくってしまうという「インナーシティ」の問題から逃れることはできません。五月革命がバリケードをつくりパリを大混乱に陥れたのは、このような流通機能を麻痺させるとともに、都市を今一度そこに住む人々のものにするためでもありました。デュラスが「花を売るアルジェリア青年」で描きだしたのも、流通と監視から一瞬逃れた都市の別の顔と考えることができます。そこで自然発生する花の売買は日常の流通の切断を表しています。

### パフォーマンス・アートとスペクタクル

ピーター・ブルックが劇場を逃れアフリカに「なにもない空間」を求めた頃、パフォーマンス・アートと呼ばれるジャンルが生まれます。それは様々な形態の芸術活動の総称であり、多くのサブジャンルを持っているため、その定義を決めることは困難なのですが、とき、場所、パフォーマーの身体、パフォーマーと観客の関係の四点を基礎条件と考えることが一般的です。これがブルックの「なにもない空間」の延長線上にあり、劇場という機構に束縛されないばかりか、戯曲をも捨て去った演劇の未来形として構想されたことは明らかです。

最初期のパフォーマンス・アートのひとつは、ドイツ人アーチストのヴォルフ・フォステルによる「劇場はストリートにある」(一九五八)と呼ばれるものでした。「ハプニング」というジャンルに含まれることが多いこのパフォーマンス・アートは、演劇を拡大解釈することで劇場から解放するとともに、都市の日常(生産と消費の反復)を止め、そこに非日常のコミュニケーションを開くことでした。それは流通、循環のためにある空間に、見る/見られる関係を挿入することで普段とは異なるコミュニケーションを行なうことでした。別の言い方をするならば、都市のなかに「なにもない空間」を開くことといえるかもしれません。

本書では近代演劇の特徴を、解釈の拡大と考えてきました。演出家に続き観客が作品を解釈する権利を得ることができました。解釈は読者受容論と関連付けられたとき、読者／観客としての主体を確立する行為と考えられました。それは消費の一形態でもあります。消費とは労働価値とは異なる使用価値をそこに見出すことでしたが、解釈とは作者の意図と異なる読み方で作品を読むことでした。

このような傾向にブレヒトは抗いました。「演劇の叙事的な形式」は「観客を観察者にする、しかし観客の能動性を呼び起こす」(★3)という矛盾した表現を用いています。これは、観客が主体的な行動力で社会を変革する力を蓄えるためには、客席でそのエネルギーを浪費させることなく、受動的なままにさせておくことが重要であるという意味です。観客は感情移入をすることではなく、「舞台に向きあい、研究する」ことが必要だといいます。ブレヒトは劇場と社会を、理論と実践の場として区別します。劇場と社会がまったく性質を異にする空間であることを意味しています。

パフォーマンス・アートはこのようなブレヒトの考えの延長線上というよりは、その否定にあります。ブレヒトは劇場で観客の批評眼を養うことを目論みましたが、それ以降、それは養われることはなかった、あるいはそれが現実には全く有効でなかったことが明らかになってしまったのです。言い換えるならば、劇場において啓蒙が不可能であることが大方のコンセンサスになってしまったのです。パフォーマンス・アートの登場は、そのようなブレヒトの企図の破綻をも示唆していました。ブレヒトは劇場を、教師と生徒の関係が明確なある種の教室と考えていたのですが、パフォーマンス・アートでは、教える／教わるという区分けが無効になり、みんなで一緒に考えるという形式ができたのです。

演劇の都市への介入はまた別の観点から考えることができます。ギー・ドゥボールはフランスの映画監督、作家です。彼は五月革命で運動に理論的なバックグランドを与え、彼の『スペクタクルの社会』(一九六七)はその革命の根拠を与えました。彼の思想は疎外論として考えられています。生産と消費の複雑化とメディアの登場により、売買を含めたコミュニケーションは見世物(スペクタクル)のようなものとなり、消費者と労働者はそこから決定的に疎外されてしまったというのがドゥボールの認識です。

> スペクタクルの起源は世界の統一性の喪失であり、また、現代のスペクタクルの途方もない拡張は、この統一性の喪失が全体的であることを表現している。スペクタクルのなかには個々の労働のすべての抽象化と集団的生産の一般的抽象化とが、完璧なかたちで表されている。というのもスペクタクルの具体的存在様態とは、抽象化に他ならないからである。スペクタクルにおいて、世界の一部がこの世界の前で演じられ、しかもそれはこの世界よりも優れたものなのである。スペクタクルとはこの分離の共通言語にほかならない。観客どうしを結びつけるものは、彼らを孤立状態に保つ中心自体に対する彼らの不可逆な関係だけである。スペクタクルは分離されたものをひとつに結び合わせるが、分離されたままのものとして結び合わせるのである。(★4)

ドゥボールは商品のテレビコマーシャルのことだけをいっているわけではありません。二〇世紀の後半に、政治もまたパフォーマンス化したことはよく知られています。それは政治がマスメディアへの対策に配慮することにより、メッセージよりもその語り方と振る舞い(パフォーマンス)に重きをなすようになったことを指しています。

このような現象が意味しているのは、一般市民はそのパフォーマンスあるいはスペクタクルに参加できない、あるいは受動的なかたちでしか参加できない、ということです。ドゥボールがそれを劇場の比喩で説明していることの意義がここに生きてきます。わたしたちは観客としてそのスペクタクルに参加しますが、その立場を変えることはできないのです。わたしたちがそのスペクタクルの主体となることは、その舞台にあがることはないのです。

パフォーマンス・アートはスペクタクル化した社会にたいする介入でもあります。イブ・クラインはフランス人アーチストで、多様なパフォーマンスでも有名です。一九六二年にパリで行なわれた「非物質的絵画的感性領域の譲渡」は、クラインと画商が金箔と領収書を交換し、クラインは受け取った金箔をセーヌ川に撒き、画商は領収書を燃やすというパフォーマンスでした。人を馬鹿にしたようなこのパフォーマンスは、様々なジャンルが生まれ、数え切れぬほどの評価軸が生まれた時代において、美術の才能と呼ばれるものが非常に定義しづらくなってきたことを示唆しています。しかしそれ以上に重要なのは、生産、交換、消費という過程そのものが戯画化されている点です。資本主義のスペクタクルで観客の立場に押しやられたアーチストが、自らそのパロディを演じる企図が「非物質的絵画的感性領域の譲渡」にはありました。クラインは消費社会における、舞台と観客席の反転、あるいはその境界線の消滅を試みたのです。

スペクタクルとパフォーマンス・アートは奇しくもふたつの現代的な演劇観に対応しています。スペクタクルは観客（消費者）を受動的な存在とし、それが主体的な立場に移ることはありえないという前提を持っています。それにたいしてパフォーマンス・アートは、観客席と舞台の区別を無効と考えます。前者の思考モデルが近代の劇場演劇であるのにたいして、後者のモデルは、演者、観客が分け隔てなくすべてが入り混じって踊るような祝祭空間です。しかしそれらはともに資本主義社会に産み落とされたものの裏表のようなものです。

日本でも一九七〇年代には山口昌男が、文化人類学とミハイル・バフチンなどの文学理論を接合し、「祝祭」あるいは「カーニヴァル」という概念を紹介します。一九七四年にまとめられた『歴史・祝祭・神話』ではネイティブ・アメリカンに伝わる「ポトラッチ」という交換形態について説明します。それはふたつの集団の首長が出会った際に、炎の中により多くの貴重な資産を投げ入れ、放棄したほうが、政治的に優越に立てるという慣習のことです。

こういった浪費と破壊は農民社会におけるカーニヴァルと祝祭においても見られる。カーニヴァルの原則は、経済、言語を含む日常的な交換体系の停止、食物の極端な浪費、労働の必然性にかわる遊戯の偶然性によって世界を統合する特権的な無時間の状態である。(★5)

山口は「ポトラッチ」のような儀式が、西洋社会とそれに影響を受けた地域においてもみられるものであり、特異な慣習ではないことを力説します。日常を支配する資本と経済は、勤続疲労を招きます。そのような日常をリセットし、活性化するために「浪費と破壊」を旨とするカーニヴァルが必要だというのです。山口はそのカーニヴァルの可能性を「演劇」に求めます。それは狭義の演劇ではなく、「裁判、処刑、戦争」をも含む「演劇的装置」でした。

山口がこのような文章を書くのに先行して、パフォーマンス・アートが登場します。それは都市生活に祝祭を、「カーニヴァル」をもたらすものでした。山口のいう演劇的装置が施政者、権力者の考案する大衆のガス抜きであったのにたいして、パフォーマンス・アートはあくまでも、市民の側に寄り添い、それが主体的に参加できるような場を作る試みでした。山口は史実をもとに議論をすすめますが、重要なのはこの時代に彼が「カーニヴァル」や「祝祭」の意義を明確にし、その理論が多くの読者を得たということです。スペクタクルという概念が依拠している近代劇場演劇のモデルを超えようという無意識の欲望が、多くのひとに共有されていたのかもしれません。

## 一九六〇年代以降の演劇

一九六〇年代は演劇が明確な定義を持たなくなった時代です。演劇が劇場を必ずしも必要としなくなって以降、それは決定的な根拠を失ってしまいました。劇場外で演じられるパフォーマンス・アートがその範疇を押し広げ、輪郭を曖昧にしたというだけではありません。都市現象そのものがスペクタクル化してしまい、演劇はそれに対抗しうる語彙と文法を失ってしまったのです。

特定の場所、施設で上演されるものという限定的な意味から解き放たれた演劇は、多様な意味を持つようになっていきます。たとえば、一九五〇年代以降、社会学や文化人類学で「演劇論的アプローチ」が採用されるようになります。

今日における演劇論的アプローチの登場は、社会的現実を言説的、記号論的な構築物として捉える構造主義以降の言語論的パラダイムを背景とするものであった。その際、演劇論的アプローチが〈書物〉よりも〈上演〉の比喩を好むのは、実際に生きられている社会におけるまなざしや身体、場所、変容に照準するからである。したがって、演劇論的アプローチはそもそも社会の亀裂や抗争、権力が折り重なる歴史的な変容を、具体的な言語的、象徴的実践に内在して捉える有効な視点であったはずなのだ。(★6)

より複雑化した社会、アイデンティティの重層化を説明するために、演劇がモデルを提供しました。都市を生きる身体、そこで錯綜する様々な視点、生成、変容する諸関係を記述するためには、テクスト分析をモデルにしたアプローチよりも上演鑑賞をモデルにしたアプローチの方が適切だったのです。

これは社会学や文化人類学だけの問題ではありません。言語哲学の分野では一九七〇年代から、ジョン・R・サールとジャック・デリダが「パフォーマティブな言語」に関して議論をします。それ以降、ジュディス・バトラーなどアイデンティティや主体性を論じるアメリカの思想家にとって、「パフォーマンス」あるいは「パフォーマティビティ」は重要なキーワードになっていきます。

美術史でも演劇的アプローチがとられるようになります。マイケル・フリードという美術批評家に「芸術と客体性」(一九六七)という有名なエッセイがあります。当時のミニマリズム彫刻の直写主義

(literalism)と指摘したその文章でフリードは、それらの作品が鑑賞者との関係において初めて成立するといいます。様々な距離、角度から作品を眺めようとする鑑賞者の態度こそが作品を完成させるのです。そこでは作品は客体で主体は鑑賞者です。しかしフリードにとって真の芸術とはモダニズムの芸術です。それはどの瞬間でも作品自体で完全なものです。鑑賞者などいなくても成立するのがモダニズム彫刻です。一方、直写主義は鑑賞者の経験によって初めて完成する作品を指します。

モダニズムを信じるフリードにとって直写主義は唾棄すべきものです。「リテラリズムによる客体性の擁護は、結局、演劇《シアター》の新しいジャンルのための口実以外の何物でもない。そして演劇とは今や芸術の否定である」[★7]。芸術作品に鑑賞者の存在など必要ないというフリードは、「悲劇そのものの機能は、たとい競演にあがらなくても、すなわち演じる役者がいないとしても、尚かつ存在するもの」というアリストテレスに近づきます。それは非常に反動的な洞察ですが、逆からみればそれだけ「演劇」が様々なジャンルに浸透しているということでもあります。周囲を埋め尽くす演劇性の脅威から、フリードは真の芸術(モダニズム)を守ろうとしたのです。

「すべての芸術は絶えず音楽の状態に憧れる」[★8]とウォルター・ペイターがいったのは一八七七年に発表されたエッセイのなかでした。その約九〇年後、あらゆる芸術が演劇的、いや社会全体が演劇的になります。もはや演劇は実体的ななにかというよりは、観客あるいは消費者とのインタラクティブな関係を示す比喩となってきます。演劇の衰退が叫ばれて久しい現在ですが、演劇がその役目を終えたというわけではありません。劇場という枠が取り払われ、その輪郭が誰にもつかめなくなったのです。それならば、演劇は衰退しているどころか拡散し、様々な現象に浸透しているといった方がいいかもしれません。むしろ演劇はかつてないほど活況を呈しているのです。

このような状況において、演劇を上演することは、あるいは劇場に足を運ぶことは、演劇とはなにかという問いかけを伴います。演劇でしかできないこと、それでしか実現できない特権的な体験を求めることは、演劇的な演劇、あるいは演劇の演劇性を抽出しようとすることでもあります。そのような同語反復的な問いかけは、フリード的、あるいはアリストテレス的といえます。というのもそれは観客／鑑賞者なしで存立しうる芸術の可能性を追求するものだからです。

ライオネル・エイベルという批評家が、一九六三年に出版した本で提唱した「メタシアター」という概念があります。「演劇についての演劇」と理解されているその概念を、エイベルは多様な作品に当てはめています。たとえば、シェイクスピアの『ハムレット』、ジャン・ジュネの『バルコニー』など、劇のなかに劇が挿入される劇中劇も、ブレヒトの作品のようにそれが演劇であることを観客に改めて念を押す「異化効果」もメタシアター的といいます。このように明確に定義しにくいこの概念自体が演劇の困難を例証しているようです。しかしなによりもその同語反復的な定義（演劇についての演劇）が、観客の存在よりも演劇自体の歴史を意識したものであることを示唆しています。その意味で非常に自閉的で内輪話のような印象を受けます。

エイベルはメタシアターの理論的根拠を、「世界は舞台である」と「人生は夢である」[★9]というふたつの前提に求めます。それはともにフィクションと現実の境界が曖昧になったことを別の角度から述べたものです。舞台上で演じられていることと劇場の外で起こっていることの区別ができないということです。メタシアターが依存している舞台＝現実には、しかしある盲点があります。それは観客の存在です。メタシアターには演劇が見られるものであるという視点が欠落しています。彫刻を論じるフリードと同様に、エイベルは、観客なしに作品そのものが成立する条件を整えようとしているのです。

一九六〇年代以降の演劇について考える際、モダニズムとは逆の方向に、つまり観客／鑑賞者の経験において完成するような直写主義にヒントを得るべきでしょう。作品の自立性と作家の主体性を確保するのではなく、それらはあくまで客体であり、それを読み解き解釈する主体としての観客の存在に焦点を当てるべきです。

本書は、劇場の観客が不特定多数となったことを近代演劇の起点と考えてきました。それ以降、演劇は観客を教育、啓蒙する役割を担ってきました。演出家はそれを象徴する存在でした。感情移入を批判したブレヒトも、観客を啓発するという目的から離れることはありませんでした。ブレヒトは、観客が劇場を出たあとは主体的に行動することを望みましたが、劇場内ではあくまでも受身のままにしておきました。不条理演劇や、本書では扱わなかったダダイズム、シュールレアリスムは、教育・啓蒙というタスクを捨て去り、観客の感覚に訴え、ショックを与えることを主旨としましたが、それでも観客を受身の存在として、あくまでも働きかける対象として想定していることには変わりありませんでした。ギー・ドゥボールのスペクタクル論もこの延長線上にあり、観客は受身の存在として、演劇的主体が働きかける客体として、想定されています。

しかし、現在は、観客を一方的に教育、啓蒙の対象とする演劇のモデルそのものを問い直す必要があるかもしれません。フランスの哲学者ジャック・ランシエールは次のように提言しています。

観客は観察し、選択し、比較し、解釈する。自分が見ているものを、違う舞台のうえで、あるいは別種の場ですでに目にした数々のものにむすびつける。そして自分の目の前にある詩を構成する要素を使って、自分自身の詩を組み立てる。パフォーマンスを自分なりにやり直すことで、それに参加するのである。例えば、パフォーマンスが伝達するとみなされている生の活力を逃れ、むしろパフォーマンスを単なるイメージにし、この単なるイメージを自分が読んだり夢見たりした物語、自分が体験したり作り出したりした物語に結びつけるという具合だ。こうして、観客は距離をとった観客であると同時に、提示されたスペクタクルの能動的な解釈者ともなるのである。(★10)

ランシエールは観客を一方的に受身と前提する考えを否定し、それが主体的に作品と向き合うモメントがあることを主張しています。観客はスペクタクルを与えられる消費者に留まるのではなく、それを能動的に読み替えるような契機も持っているのです。

本書でも第一〇章で読者受容論を援用しながら、主体的に解釈をする観客、作者の意図には沿わない意味を作品に読み取る観客の存在について触れました。しかし具体的にどのような観客がいて、どのような解釈をしたかは論じることができませんでした。そのためには個別の演劇作品をみた観客の経験を具体的に分析する必要がありますが、それは本書の手に余る企図です。なぜならば観客の主体的な解釈は、必ずしも芸術作品として結実しない可能性もあるからです。

演劇研究はこれまで作品とその制作者の関係に焦点を当ててきました。劇作家が主たる制作者とみなされた伝統に加え、二〇世紀の初めに演出家を制作者とする新しい考えが出てきます。それはしかし主体と客体の関係を固定して考える点において、大きな相違はありません。一九六〇年代以降の演劇の困難はこのような前提がもはや共通認識でなくなったことに起因しているかもしれません。

## 二一世紀の演劇を論じるために

以降の演劇を論じるためには、観劇がもたらす経験を広義に、長い射程でとらえる視点が必要になります。劇場を必要としなくなってからの演劇は、実体を失ってしまいます。パフォーマンスという言葉が流通して以降、それは他のジャンル、領域に入り込み、それらを演劇化していくことになります。本書で論じたパフォーマンス・アートやミニマリズム彫刻だけではありません。「劇場都市」という言葉が生まれ、それがわたしたちの生きる空間にも見出されるようになる一九八〇年代以降、わたしたちもまたその舞台で演じることが求められます。劇場都市はディズニーランドなどのアミューズメント施設だけに限定されるわけではなく、いたるところに見出されるものとなりました。

都市生活の一部はこの見られる意識によって支えられています。わたしたちは常に見られる客体であることを過剰に意識せざるをえません。また同時に、観客として他者のパフォーマンスに参加しなければなりません。もはやここでは見る／見られる関係を一方通行的に固定して捉えることは不可能になります。それは常に反転可能な関係だからです。現代の都市民は演じるものと見るものの役割を交換しながら生きているのです。

現代は、劇場での（狭義の）観劇の経験が、社会に浸透する（広義の）パフォーマンス体験とともにある時代です。ここで必要なのは、前者を後者から区別することではありません。そのような考えは作品や作者が一方的に、主体的に働きかけるものと考えるモダニズム的な図式に、いまだに捉えられています。それが劇場のみに目を向けて現代演劇の貧しさに不平をいうのです。先述したように演劇が様々な現象に浸透する比喩になっているのであれば、現代はかつてないほど巷に「演劇」あるいは「パフォーマンス」が溢れている時代といえるかもしれません。そこでわたしたちは、狭義の観劇と広義のパフォーマンス体験がどのように混じり合い、影響し合っているかを論じるべきでしょう。

本書は観劇にともなう観客の解釈を消費の一形態として考えてきました。解釈は、労働価値とは異なる使用価値をそこに見出すことでもあったからです。しかし演劇が社会の様々な現象に浸透し、わたしたちが劇場以外でも様々なパフォーマンスに晒される時代において重要なのは、消費とは異なる解釈を見出すことです。それは、観劇体験を消費し尽くして後に何も残さないのではなく、その経験と解釈を他の様々なパフォーマンス体験と結びつけ、また別のものを作り出すことです。それはもはや単純な影響／受容の関係では論じ尽くせない問題です。

一九六〇年代以降の「演劇」を包括的に考えるためには、ふたつの視点が必要になります。まず必要になるのは比喩としての演劇を視野に入れ、これまでの劇場演劇と社会でのパフォーマンスを一緒に論じることができる図式です。次に、多方面からの解釈を精査し、消費ではない解釈の可能性を探らなければなりません。別の言い方をするならば、劇場を飛び出そうとする演劇の勢いと、パフォーマンスが必要とされる社会的要請のふたつの接点を探ることです。本書では触れませんが、それはおそらく、制作するものとそれを享受するものの明確な境目はなく、表現の手段と機会が広く共有される形態となるはずです。これを芸術と呼ぶかどうかは難しい問題ですが、一九六〇年代以降の「演劇」を論じるためには、これらの活動をも視野に入れなければなりません。

また近年流行しているフラッシュモブなども思い浮かびます。劇場と社会の境界、日常と非日常の壁を乗り越えているこのパフォーマンスは、不特定多数のひとの集うカオス空間に、組織化された意図が潜んでいたことを明らかにし、見るものに驚きを与えることを目的にします。都市民が普段無意識に使い分ける、見るもの／見られるものの関係を瞬間的に固定し劇的な枠組みを与えるとともに、日常生活のなかにドラマが潜んでいることを気づかせる試みとして、フラッシュモブはパフォーマンス・アートの延長線上にあります。しかしそれはあくまでも演者と観客の関係を崩すものではありません。そこで生じる「驚き」は見るもの、観察するものを必要とし、それが消費されることを求めるからです。

さて「演出家」はどうなったでしょう？　ピーター・ブルックや蜷川幸雄といったカリスマは健在ですが、その一方でそのような強い求心力に依存しないような演劇の制作方法も模索されています。たとえば、ドラマトゥルクがその一例です。それは戯曲がこれまでどのように上演されてきたか調査したり、制作に関して知恵を授けたりすることで、演出家のよき相談相手になり、サポートをする職能のことです。ドイツでは古くからあったこの仕事が、欧米でも、また日本でも最近注目され始めてきています。その役割は様々であり、明確にどこからどこまでがドラマトゥルクの仕事と定義することはできません。翻訳、翻案、時代考証から、キャストの決定、小道具の用意まで担当することもあります。またそのありかたも色々です。劇場専従の場合も、決まった演出家とつねにコンビを組んでいる場合も、そしてフリーランスの場合もあるようです。いずれにせよ、その需要の高さは、演劇における制作プロセスの一元化を避ける近年の傾向と一致しています。表現の手段を開く試みと考えることができるなら、このようなドラマトゥルクの存在が、演劇と、劇場外のパフォーマンスとを結ぶ媒介になるかもしれません。

# 最後に

本書は、演出家という職能が生まれてからの演劇の展開を論じてきました。

大衆社会の成立がその始まりにあったことは何度も繰り返してきたことですが、それは演劇が特定の階層からの支援に別れを告げたことでもあります。不特定多数の大衆を観客とするために、演劇は自身の意義を明確にする必要がありました（第一章）。等身大の登場人物を造形し観客の感情移入を引き出すために、演出家は解釈という手段を得ました（第二章、三章）。また、大衆を導くという役割を担い、観客の崇拝を集める祭壇として舞台空間を創造する試みもありました（第四章）。この意味で演出家とは舞台と観客の調整役として登場したといってもいいかもしれません。また演出家は、劇場テクノロジーの近代化によって、専門化し複雑になるスタッフの職務の取りまとめ役でもあったことは忘れてはいけません（第五章）。

登場人物を等身大化することは、「プロット」ではなく「キャラクター」を前景化することです。一九二〇年代以降の劇作家と演出家は、起承転結などのナラティブの定型をときには無視して、複雑で理解不可能な登場人物を造形しようとしました（第六章、第七章、第八章）。キャラクター論を推し進めながら、演劇と社会の関係を再構築しようとしたのがブレヒトでした。観客に登場人物に感情移入させ、そこでエネルギーを消費させる代わりに、社会の問題点を提示し、考えさせるような作品をつくろうとしました(第九章)。

ブレヒトの企図はまた演劇における観客の存在を問い直すものでした。演出家が解釈する権利を得たように、観客もまた作品を解釈することを促されますが、それは一九六〇年代に登場した読者受容論とパラレルの関係にあります(第一〇章)。このような傾向に抗うようにして登場したのが不条理演劇です。それは観客の知性よりは感覚に訴えかけ、解釈されることを、ひとつのメッセージに還元されることを拒むような劇作でした。社会との接点を求める近代演劇のあり方とは一線を画す演劇でした(第一一章)。したがってそれは演劇と社会の接点としての「劇場」のあり方に光をあてました。そして演劇を、劇場に内在する様々な制約の束縛から解放する試みもなされました(第一二章)。

最後に演劇がもはや明確な定義、実体的な要素に決定された芸術ジャンルとしてだけではなく、メタファーのように様々な現象を説明するためのレトリックにもなったことを述べました(終章)。

簡単にまとめることができるならば、近代演劇の展開は、劇作家から演出家、そして観客へと力点を移していく過程と考えることができます。そしてそれはまた劇場の機能変化(舞台と観客の関係の変化)として考えることも可能です。劇作家の言葉を再現する場所から解釈する場に、そして観客を啓蒙・教育するとともに刺激する場へとそれは変わっていきました。演出家と劇作家の闘いとして幕を開けた演劇の近代は、闘いの場を少しずつ移動させていったのです。

終章で述べたように、一九六〇年代以降の演劇はカリスマ的な力に依存しないようなかたちで上演を目指すようになっていきました。ドラマトゥルクの存在が例証したのは、話し合いが意志決定の重要なファクターとなったことです。そこでは闘いではなく、合議とコンセンサスが重要なのです。しかし、民主主義的方法には時として、プロセス自体で完結し、その本来の目的をないがしろにしてしまう懸念があります。なにを造るかよりもいかに造るかに力点が置かれたとき、作品を届けるべき対象としての観客の存在を副次的なものにしてしまうことはないでしょうか。話し合いと合議により運営される劇場はもはや闘いの場ではありません。本書の「はじめに」で演劇には勝ち／負けを決定する闘いのモメントが常にあるのではないかと問いかけました。そのような勝ち／負けは、作品のクオリティと関係があるのかは、まだわかりません。しかし、闘いを回避するような方法の選択は、訴えかける対象と進むべき未来を失ってしまった演劇の戸惑いを映し出しているような気がします。

ピーター・ブルックが「なにもない空間」が演劇の原点だといったとき、演劇は劇場から飛び立つ準備が整いました。ブルックはアフリカへと旅立ちますが、それ以後、劇場以外の場所で演じられる演劇が増えてきます。これを単に演劇が劇場との関係を刷新するためという構図だけで考えることはできません。劇場の外側に存在する社会が演劇を必要とし、劇場からそれを引きずり出したという側面もあるからです。これは演劇が明確な闘いの場を持たなくなったことを意味します。

第四章で論じた知識人にこの問題を関係づけてみましょう。知識人の存在感が近年、特に一九九〇年代以降、目立たなくなってきました。一九世紀の終わりに登場した知識人は、新聞等のメディアで、文化、政治、社会などについて発言し、影響力をもちました。フランスでは、ゾラの役割は、アルジェリア戦争(一九五四―六二)の際に、民族解放戦線を支持したジャン＝ポール・サルトルに引き継がれていきます。またアメリカでは、特に一九七〇年代以降、ベトナム戦争に反対するスーザン・ソンタグ、パレスチナ問題に発言するエドワード・サイードの言葉に人々は耳を傾けました。イラク戦争時には言語学者のノーム・チョムスキーが代表的な知識人と呼ばれました。

日本では一九六〇年代に吉本隆明を中心に知識人論争がありました。また大江健三郎は沖縄の問題から原発の問題まで積極的に意見を表明してきました。

しかし、二〇〇〇年前後に、フェイスブックやツイッターなどのSNSの発達によって、不特定多数の一般市民が気軽に声を発信することが可能になったとき、知識人の影響力は衰えていきます。象徴的な事件としてジャスミン革命(二〇一〇―一一)をあげることができるでしょう。別名アラブの春は圧倒的なカリスマ的リーダーによって起こされたものではなく、ツイッターによって無数の市民が連帯することで起こったものです。物語(革命)はもはや偉大な人物、英雄的な人物が先導するようなものではなくなりました。知識の分配の仕方が変化したのです。知識は先生から生徒へと一方通行に分け与えられるようなものではなく、つぶやきの集積として考えられるようになったのです。ネット時代のカリスマとは、知を生み出し、授けるものではなく、知の流通の中心に立つことができたものです。

演劇が大衆に向けて開かれたのは、知識人が新聞などの紙面に意見を発表し、世論形成に一役を買い始めた時代です。二〇世紀全般にわたって、知識人は人々に様々な視点から考えるモデルを示してきました。そして演劇も社会的問題に対する意見発信のメディアとして機能してきました。

二一世紀はこのような啓蒙のモデルが、さざなみのようにどこからともなく意見が形成されるSN

S的モデルによって駆逐されていきます。知識人の存在感が薄れつつある現在、演劇に求められる役割も変わりつつあります。このようなメディアの台頭にたいして、劇場演劇はやや元気がないようにみえます。二〇世紀には、映画、ラジオ、テレビが大衆に文化を提供するようになりました。そのたびに演劇はその拠り所を問い直すことを強いられてきましたが、今回こそは非常に根本的な問い直しを迫られることになりました。テレビや映画はエンターテイメントで、演劇はハイカルチャーだと区別する主張もありましたが、それは必ずしも根本的な差異ではありません。それらはともに、一方(制作者)から他方(観客、視聴者)への発信モデルを共有しています。インターネットがテレビの影響力を削いだように、劇場演劇がいまライバルとしているのは双方向コミュニケーションのシステムです。

本書はここで閉じられようとしています。いままでわたしたちは演劇と社会のインタラクティブな関係に焦点をあわせてきました。社会からの外圧と演劇内部の内圧との切り結びに視座をあわせ、演出家の誕生や、キャラクター先導のナラティブなどについて論じてきました。ここでわたしが筆を置くのは、このような視点では、パフォーマンス・アート以降の演劇を語ることができないからです。

本書は、早稲田大学、広島大学、同志社大学での学部生向けの講義ノートがベースとなっています。授業では観劇経験がほとんどないような学生たちにも演劇の面白さがわかるように工夫をしながら話しました。その学生たちの戸惑いや驚きなどの反応を参考に、大幅に書き換え、加筆してあります。二一世紀の日本で演劇は多くのひとに共有される文化ではありません。その認識のためか、学生たちには歴史的な遺物であるかのように、それを語ってしまったかもしれません。しかし終章で述べたとおり、広義の「演劇」は空気のようにわたしたちの周りに漂っています。その正体と起源を探るための試みが本書へと結実しました。

彩流社の林田こずえさんは、編集を担当してくれただけでなく、散漫になりがちな本書の内容に明確な方向を与えてくれました。加筆のためのトピックもいくつか提供してくれました。この場を借りて感謝の意を表したいと思います。

最後に、僕が演技をしなくて済む数少ない場所をつくりだしてくれる妻と娘にも感謝を捧げたいと思います。

川島健

二〇一五年　一二月

## 註

※原文英語からの翻訳は筆者による。

### はじめに

★1　ポール・ブランシャール『演出の歴史』安堂信也訳（白水社、一九六一年）、八頁.

★2　ジェイムズ・ジョイス「イプセンの新しい劇」、『ジェイムズ・ジョイス全評論』吉川信訳（筑摩書房、二〇一二年）、八九頁.

★3　アリストテレス「詩学」、『アリストテレス全集　第十七巻』今道友信訳（岩波書店、一九七二年）、三四頁.

★4　エミール・ゾラ「演劇における自然主義」、『ゾラ・セレクション　第八巻　文学論集　一八六五―一八九六』佐藤正年訳（藤原書店、二〇〇七年）、六六頁.

★5　アンドレ・アントワーヌ「演出についてのおしゃべり」横山義志訳（早稲田大学演劇映像学連携研究拠点：舞台芸術文献の翻訳と公開、二〇一一年）、十八―十九頁.

### 第一章　俳優の時代

★1　アンドレ・アントワーヌ「現代の俳優術（一九二四年二月一日の講演）」横山義志訳（早稲田大学演劇映像学連携研究拠点：舞台芸術文献の翻訳と公開、二〇一一年）、二六―二七頁.

★2　エミール・ゾラ「演劇における自然主義」、『ゾラ・セレクション　第八巻　文学論集　一八六五―一八九六』、六七―六八頁.

★3　Oscar Wilde, "The Critic as Artist", *The Soul of Man under Socialism & Selected Critical Prose* (London: Penguin, 2001), 15.

★4　渡辺裕『聴衆の誕生――ポスト・モダン時代の音楽文化』（中央公論新社、二〇一二年）、三一頁.

★5　Oscar Wilde, "The Soul of Man under Socialism", *The Soul of Man under Socialism & Selected Critical Prose*, 149.

★6　ジャン＝ポール・サルトル『サルトル全集　第十四巻　狂気と天才――キーン』鈴木力衛訳（人文書院、一九五六年）、七頁.

★7　ジャン＝ポール・サルトル『サルトル全集　第十四巻　狂気と天才――キーン』、四六―四七頁.

★8　ジャン＝ポール・サルトル『サルトル全集　第十四巻　狂気と天才――キーン』、一四四頁.

★9　ロラン・バルト「民衆演劇を定義すれば」、『ロラン・バルト著作集　第一巻　文学のユートピア　一九四二—一九五四』渡辺諒訳（みすず書房、二〇〇四年）、三八二頁.

## 第二章　チェーホフのメタファー

★1　エミール・ゾラ『ゾラ・セレクション　第八巻　文学論集　一八六五—一八九六』、三〇頁.

★2　エミール・ゾラ『ゾラ・セレクション　第八巻　文学論集　一八六五—一八九六』、二八頁.

★3　エミール・ゾラ『ゾラ・セレクション　第八巻　文学論集　一八六五—一八九六』、四一頁.

★4　アントン・チェーホフ『かもめ・ワーニャ伯父さん』神西清訳（新潮文庫、一九六七年）、二二頁.

★5　アントン・チェーホフ『かもめ・ワーニャ伯父さん』、一一九頁.

★6　アントン・チェーホフ『桜の園・三人姉妹』神西清訳（新潮文庫、一九六七年）、五九頁.

★7　アントン・チェーホフ『かもめ・ワーニャ伯父さん』、一二四頁.

## 第三章　スタニスラフスキーと心理の創造

★1　アンドレ・アントワーヌ「自由劇場」横山義志訳（早稲田大学演劇映像学連携研究拠点：舞台芸術文献の翻訳と公開、二〇一一年）、十三頁.

★2　ステラ・アドラー『魂の演技レッスン——輝く俳優になりなさい！』シカ・マッケンジー訳（フィルムアート社、二〇〇九年）、九三頁.

★3　ステラ・アドラー『魂の演技レッスン——輝く俳優になりなさい！』、十四頁。

★4　高橋豊「「完全主義者」貫き芸歴七六年、新劇の最高峰——滝沢修さんが死去」、『毎日新聞』（二〇〇〇年六月二三日）、十五頁.

★5　アンドレ・アントワーヌ「演出についてのおしゃべり」横山義志訳（早稲田大学演劇映像学連携研究拠点：舞台芸術文献の翻訳と公開、二〇一一年）、二一頁.

★6　コンスタンチン・スタニスラフスキー『俳優の仕事　第三部——俳優の役に対する仕事』堀江新二、岩田貴、安達紀子訳（未来社、二〇〇九年）、三二一—三三頁.

## 第四章　劇場のテクノロジー

★1　Edgar Allan Poe, "The Spectacles", *The Complete Tales and Poems of Edgar Allan Poe* (London: Penguin, 1982), 689.

★2　ヨーハン・アウグスト・ストリンドベリ「『令嬢ジュリー』の序文」千田是也訳、『ストリンドベリ名作集』

（白水社、二〇一一年）、一〇八頁.
★3　ヴォルフガング・シュライバー『〈大作曲家〉マーラー』岩下眞好訳（音楽之友社、二〇〇一年）、一一八頁.
★4　ヴォルフガング・シヴェルブシュ『闇をひらく光』小川さくえ訳（法政大学出版、一九八八年）、二二〇頁.
★5　ジェイムズ・ジョイス「劇と人生」、『ジェイムズ・ジョイス全評論』、五二一―五三頁.
★6　Oscar Wilde, "The Soul of Man under Socialism", *The Soul of Man under Socialism & Selected Critical Prose*, 151.

**第五章　クレイグと劇的空間**

★1　アドルフ・アッピア「ドラマと演出の将来」田中晴子訳（早稲田大学演劇映像学連携研究拠点：舞台芸術文献の翻訳と公開、二〇一一年）、五頁.
★2　アドルフ・アッピア「ドラマと演出の将来」、五頁.
★3　Edward Gordon Craig, *On the Art of the Theatre*, ed. Franc Chamberlain (London: Routledge, 2009), 77.
★4　アドルフ・アッピア「ドラマと演出の将来」、六頁.
★5　アントナン・アルトー「演出と形而上学」、『アントナン・アルトー著作集　第一巻　演劇とその分身』安堂信也訳（白水社、一九九六年）、六三頁.
★6　アントナン・アルトー「演出と形而上学」、『アントナン・アルトー著作集　第一巻　演劇とその分身』、七二頁.
★7　Edward Gordon Craig, *On the Art of the Theatre*, 73.
★8　Edward Gordon Craig, *On the Art of the Theatre*, 76-77.

**第六章　自然主義演劇の時代**

★1　アリストテレス『アリストテレス全集　第十七巻』、二一頁.
★2　ドゥニ・ディドロ「『私生児』に関する対話」、『ディドロ著作集　第九巻　演劇論』小場瀬卓三訳（八雲出版、一九四八年）、二三―二四頁.
★3　ジェイムズ・ジョイス「イプセンの新しい劇」、『ジェイムズ・ジョイス全評論』、八八頁.
★4　ヘンリック・イプセン『ヘッダ・ガーブレル』原千代海訳（岩波文庫、一九九六年）、六六―六七頁.
★5　ヘンリック・イプセン『ヘッダ・ガーブレル』、一二〇頁.
★6　ヘンリック・イプセン『ヘッダ・ガーブレル』、一五七頁.
★7　原千代海「解説」、ヘンリック・イプセン『ヘッダ・ガーブレル』、一九九頁.

★8　ウィリアム・アーチャー「本当のイプセン」内野儀訳（早稲田大学演劇映像学連携研究拠点：舞台芸術文献の翻訳と公開、二〇一一年）、九頁.

★9　エミール・ゾラ「演劇における自然主義」、『ゾラ・セレクション　第八巻　文学論集　一八六五―一八九六』、五八頁.

★10　エミール・ゾラ「演劇における自然主義」、『ゾラ・セレクション　第八巻　文学論集　一八六五―一八九六』、三〇頁.

★11　ヨーハン・アウグスト・ストリンドベリ「『令嬢ジュリー』の序文」千田是也訳、『ストリンドベリ名作集』、一〇〇頁.

## 第七章　キャラクター主導のナラティブ

★1　アリストテレス「詩学」、『アリストテレス全集　第十七巻』、三一一頁.

★2　同右

★3　アリストテレス「詩学」、『アリストテレス全集　第十七巻』、三一一―三一二頁.

★4　A. C. Bradley, *Shakespean Tragedies: Lectures on Hamlet, Othello, King Lear, Macbeth* (London: MacMillan, 1974), 96-97.

★5　A. C. Bradley, *Shakespean Tragedies: Lectures on Hamlet, Othello, King Lear, Macbeth*, 97.

★6　T. S. Eliot, "Hamlet", *Selected Prose*, ed. Frank Kermode (San Diego: A Harvest Book, 1975), 48.

★7　T. S. Eliot, "Hamlet", *Selected Prose*, 48.

★8　D. H. Lawrence, "When I read Shakespeare", *The Complete Poems of D. H. Lawrence*, vol. II (London: William Heinemann, 1957), 224-25.

## 第八章　ピランデッロから不条理へ

★1　ルイージ・ピランデッロ「作者を探す六人の登場人物」、『ピランデッロ戯曲集　第二巻』白澤定雄訳（白水社、二〇〇〇年）、三七頁.

★2　ルイージ・ピランデッロ「作者を探す六人の登場人物」、『ピランデッロ戯曲集　第二巻』、一一〇頁.

★3　バーナード・ショー『ピグマリオン』小田島恒志訳（光文社、二〇一三年）、二三七―二三八頁.

★4　ベルトルト・ブレヒト「三文オペラ」、『ブレヒト戯曲全集　第二巻』岩淵達治訳（未来社、二〇〇五年）、二三七―二三八頁.

★5　Harold Pinter, "On *The Birthday Party* I", *Various Voices: Prose, Poetry, Politics 1948-2005* (London: Faber, 2005) 11.

★6　Harold Pinter, "On *The Birthday Party* I", *Various*

*Voices*, 12.

★7　Edward Albee, "Playwright versus the Theatre", *The Listener*, 102 (7 February 1980), 170-71.

## 第九章　反カタルシス——ブレヒトの演劇革命

★1　ベルトルト・ブレヒト「僕らは美学を精算すべきか?」」、『ベルトルト・ブレヒトの仕事　第二巻——ブレヒトの文学・芸術論』石黒英雄他訳（河出書房新社、二〇〇六年）、三二頁.

★2　ベルトルト・ブレヒト「真鍮買い」、『ベルトルト・ブレヒト演劇論集Ⅰ——真鍮買い、演劇の弁証法、小思考原理』千田是也訳（河出書房新社、一九七三年）、一八六—八七頁.

★3　ベルトルト・ブレヒト「真鍮買い」、『ベルトルト・ブレヒト演劇論集Ⅰ——真鍮買い、演劇の弁証法、小思考原理』、一四九頁.

★4　アリストテレス「詩学」、『アリストテレス全集第十七巻』、二九頁.

★5　ベルトルト・ブレヒト「オペラ『マホガニー』への注釈」、『ベルトルト・ブレヒトの仕事　第二巻——ブレヒトの文学・芸術論』、七〇—七一頁.

★6　ヴァルター・ベンヤミン「叙事演劇とは何か」、『ベンヤミン・コレクションⅠ』浅井健二郎編他訳（ちくま学芸文庫、一九九五年）、五四二頁.

★7　ヴァルター・ベンヤミン「叙事演劇とは何か」、『ベンヤミン・コレクションⅠ』、五四九頁.

## 第一〇章　観客の発見

★1　Alexander Pope, "An Essay on Criticism", *The Complete Poetical Works of Pope* (Boston: Houghton Mifflin Co., 1903), 70.

★2　サミュエル・テイラー・コウルリッジ『文学的自叙伝——文学者としての我が人生と意見の伝記的素描』東京コウルリッジ研究会訳（法政大学出版局、二〇一三年）、二六四頁.

★3　ウィリアム・シェイクスピア『シェイクスピア全集Ⅲ　ヘンリー五世』小田島雄志訳（白水社、一九八六年）、一五〇頁.

★4　エミール・ゾラ「演劇における自然主義」、『ゾラ・セレクション　第八巻——文学論集　一八六五—一八九六』、二七—二八頁.

★5　ヨーハン・アウグスト ストリンドベリ「『令嬢ジュリー』の序文」千田是也訳、『ストリンドベリ名作集』、九七頁.

★6　ウィリアム・シェイクスピア『テンペスト』松岡和子訳（ちくま文庫、二〇〇〇年）、一六二—六三頁.

★7　ポール・ヴァレリー「芸術についての考察」、『ヴァレリー集成V——芸術の肖像』今井勉・中村俊直編訳（筑摩書房、二〇一二年）、三三四頁。
★8　ポール・ヴァレリー「芸術についての考察」、『ヴァレリー集成V——芸術の肖像』、三三五—三六頁。
★9　Elizabeth Robins, *Ibsen and the Actress* (London: Hogarth Press, 1928), 18.
★10　ベルトルト・ブレヒト「弁証法的劇作」、『ベルトルト・ブレヒト演劇論集I——真鍮買い、演劇の弁証法、小思考原理』、二〇頁。
★11　ベルトルト・ブレヒト「真鍮買い」、『ベルトルト・ブレヒト演劇論集I——真鍮買い、演劇の弁証法、小思考原理』、二五八頁。
★12　ヤン・コット『シェイクスピアはわれらの同時代人』蜂谷昭雄・喜志哲雄訳（白水社、二〇〇九年）、十五頁。
★13　ロラン・バルト「作者の死」、『物語の構造分析』花輪光訳（みすず書房、一九七九年）、八〇—八一頁。
★14　ロラン・バルト「作者の死」、『物語の構造分析』、八九頁。
★15　ヴォルフガング・イーザー『行為としての読書——美的作用の理論』轡田收訳（岩波書店、二〇〇五年）、十四—十五頁。

## 第二章　不条理演劇

★1　ウジェーヌ・イヨネスコ「禿の女歌手」諏訪正訳、『イヨネスコ戯曲全集1』（白水社、一九六九年）、九頁。
★2　ウジェーヌ・イヨネスコ「禿の女歌手」、『イヨネスコ戯曲全集1』、十三頁。
★3　Martin Esslin, *Theatre of the Absurd*, the third edition (New York: Vintage, 2004), 25-26.
★4　Samuel Beckett, *Waiting for Godot* (London: Faber and Faber), 58.
★5　Alan Schneider, "Working with Beckett", *Samuel Beckett: The Critical Heritage*, eds. Lawrence Graver and Raymond Federman (London: Routledge & Kegan Paul, 1979), 177.
★6　Samuel Beckett and Alan Schneider, *No Author Better Served: The Correspondence of Samuel Beckett and Alan Schneider*, ed. Maurice Harmon (Cambridge: Harvard University Press, 1998), 29.
★7　Jonathan Kalb, *Beckett in Performance* (Cambridge: Cambridge University Press, 1989), 79に掲載.
★8　Jonathan Kalb, *Beckett in Performance*, 71.

★9 ウジェーヌ・イヨネスコ『ノート・反ノート』大久保輝臣訳（白水社、一九七〇年）、一二〇—四三頁.
★10 Martin Esslin, *The Theatre of the Absurd*, 11.
★11 Jonathan Kalb, *Beckett in Performance*, 73-74.

## 第一二章 新しい空間をもとめて

★1 Kenneth Tynan, *Theatre Writing* (London: Nick Hern Books, 2007), 36-37.
★2 サミュエル・ベケット『エレウテリア』坂原真里訳（白水社、一九九七年）、八—九頁.
★3 ベルトルト・ブレヒト「オペラ『マホガニー』への注釈」、『ベルトルト・ブレヒトの仕事 第二巻——ブレヒトの文学・芸術論』、六七頁.
★4 ベルトルト・ブレヒト「オペラ『マホガニー』への注釈」、『ベルトルト・ブレヒトの仕事 第二巻——ブレヒトの文学・芸術論』、六七—六八頁.
★5 ウジェーヌ・イヨネスコ「禿の女歌手」、『イヨネスコ戯曲全集Ⅰ』、四二—四三頁.
★6 イェジュイ・グロトフスキ「持たざる演劇をめざして」、『実験演劇論』大島勉訳（テアトロ、一九七一年）、四八頁.
★7 Eric Bentley, *The Life of the Drama* (London: Methuen, 1965), 150.
★8 アリストテレス「詩学」、『アリストテレス全集 第十七巻』、三四頁.
★9 ピーター・ブルック『なにもない空間』高橋康也・喜志哲雄訳（晶文選書、一九七一年）、七頁.
★10 Margaret Croyden, *Conversations with Peter Brook 1970-2000* (New York: Faber and Faber, 2003), 93.
★11 Margaret Croyden, *Conversations with Peter Brook 1970-2000*, 27.

## 終章 比喩としての演劇

★1 マルグリット・デュラス「花を売るアルジェリア青年」、『アウトサイド』佐藤和生訳（晶文社、一九九九年）、二〇—二一頁.
★2 Marshall Berman, *All That Is Solid Melts into Air: The Experience of Modernity* (New York: Penguin, 1988), 307.
★3 ベルトルト・ブレヒト「オペラ『マホガニー』への注釈」、『ベルトルト・ブレヒトの仕事 第二巻——ブレヒトの文学・芸術論』、七〇—七一頁.
★4 ギー・ドゥボール『スペクタクルの社会』木下誠訳（ちくま学芸文庫、二〇〇三年）二七—二八頁.
★5 山口昌男『始原 山口昌男著作集Ⅱ』（筑摩書房、二〇〇二年）、四二頁.

★6 吉見俊哉「演劇論的アプローチ」、『情報学事典』北川高嗣他編（弘文堂、二〇〇二年）一一〇頁.

★7 マイケル・フリード「芸術と客体性」川田都樹子・藤枝晃雄訳、『批評空間《臨時増刊号》モダニズムのハードコア――現代美術批評の地平』（太田出版、一九九五年）、七一頁.

★8 ウォルター・ペイター「ルネサンス」富士川義之訳、『ウォルター・ペイター全集』（筑摩書房、二〇〇二年）、九三頁.

★9 Lionel Abel, *Tragedy and Metatheatre* (New York: Holmes & Meier, 2003), 163.

★10 ジャック・ランシエール『解放された観客』梶田裕訳（法政大学出版、二〇一三年）、十八頁.

## 参考文献


アッピア、アドルフ「ドラマと演出の将来」田中晴子訳、早稲田大学演劇映像学連携研究拠点：舞台芸術文献の翻訳と公開、二〇一一年.

アドラー、ステラ『魂の演技レッスン22——輝く俳優になりなさい！』シカ・マッケンジー訳、フィルムアート社、二〇〇九年.

アリストテレス「詩学」、『アリストテレス全集　第十七巻』今道友信訳、岩波書店、一九七二年.

アルトー、アントナン「演出と形而上学」、『アントナン・アルトー著作集　第一巻　演劇とその分身』安堂信也訳、白水社、一九九六年.

アントワーヌ、アンドレ「演出についてのおしゃべり」横山義志訳、早稲田大学演劇映像学連携研究拠点：舞台芸術文献の翻訳と公開、二〇一一年.

——「自由劇場」横山義志訳、早稲田大学演劇映像学連携研究拠点：舞台芸術文献の翻訳と公開、二〇一一年.

——「現代の俳優術（一九二四年二月一日の講演）」横山義志訳、早稲田大学演劇映像学連携研究拠点：舞台芸術文献の翻訳と公開、二〇一一年.

アーチャー、ウィリアム「本当のイプセン」内野儀訳、早稲田大学演劇映像学連携研究拠点：舞台芸術文献の翻訳と公開、二〇一一年.

イプセン、ヘンリエック『ヘッダ・ガーブレル』原千代海訳、岩波文庫、一九九六年.

イヨネスコ、ウジェーヌ「禿の女歌手」諏訪正訳、『イヨネスコ戯曲全集1』、白水社、一九六九年.

――『ノート・反ノート』大久保輝臣訳、白水社、一九七〇年.
イーザー、ヴォルフガング『行為としての読書――美的作用の理論』轡田收訳、岩波書店、二〇〇五年.
ヴァレリー、ポール「芸術についての考察」、『ヴァレリー集成V――芸術の肖像』今井勉・中村俊直編訳、筑摩書房、二〇一二年.
グロトフスキ、イェジュイ『実験演劇論』大島勉訳、テアトロ、一九七一年.
コウルリッジ、サミュエル・テイラー『文学的自叙伝――文学者としての我が人生と意見の伝記的素描』東京コウルリッジ研究会訳、法政大学出版局、二〇一三年.
コット、ヤン『シェイクスピアはわれらの同時代人』蜂谷昭雄・喜志哲雄訳、白水社、二〇〇九年.
サルトル、ジャン=ポール『サルトル全集　第十四巻　狂気と天才――キーン』鈴木力衛訳、人文書院、一九五六年.
シヴェルブシュ、ヴォルフガング『闇をひらく光』小川さくえ訳、法政大学出版、一九八八年.
シェイクスピア、ウィリアム『シェイクスピア全集Ⅲ　ヘンリー五世』小田島雄志訳、白水社、一九八六年.
――『シェイクスピア全集Ⅷ　テンペスト』松岡和子訳、ちくま文庫、二〇〇〇年.
ジョイス、ジェイムズ「イプセンの新しい劇」、『ジェイムズ・ジョイス全評論』吉川信訳、筑摩書房、二〇一二年.
――「劇と人生」、『ジェイムズ・ジョイス全評論』.
シュライバー、ヴォルフガング『〈大作曲家〉マーラー』岩下眞好訳、音楽之友社、二〇〇一年.
ショー、バーナード『ピグマリオン』小田島恒志訳、光文社、二〇一三年.
スタニスラフスキー、コンスタンチン『俳優の仕事　第三部――俳優の役に対する仕事』堀江新二・岩田貴・安達紀子訳、未来社、二〇〇九年.

ストリンドベリ、ヨーハン・アウグスト「『令嬢ジュリー』の序文」千田是也訳、『ストリンドベリ名作集』、白水社、二〇一一年.
ゾラ、エミール「演劇における自然主義」、『ゾラ・セレクション　第八巻　文学論集　一八六五―一八九六』佐藤正年訳、藤原書店、二〇〇七年.
高橋豊「「完全主義者」貫き芸歴七六年、新劇の最高峰――滝沢修さんが死去」、『毎日新聞』、二〇〇〇年六月二三日.
チェーホフ、アントン『かもめ・ワーニャ伯父さん』神西清訳、新潮文庫、一九六七年.
――『桜の園・三人姉妹』神西清訳、新潮文庫、一九六七年.
ディドロ、ドゥニ「『私生児』に関する対話」、『ディドロ著作集　第九巻　演劇論』小場瀬卓三訳、八雲書店、一九四八年.
デュラス、マルグリット「花を売るアルジェリア青年」、『アウトサイド』佐藤和生訳、晶文社、一九九九年.
ドゥボール、ギー『スペクタクルの社会』木下誠訳、ちくま学芸文庫、二〇〇三年.
原千代海「解説」、ヘンリック・イプセン『ヘッダ・ガーブレル』.
バルト、ロラン「作者の死」、『物語の構造分析』花輪光訳、みすず書房、一九七九年.
――「民衆演劇を定義すれば」、『ロラン・バルト著作集　第一巻　文学のユートピア　一九四二―一九五四』渡辺諒訳、みすず書房、二〇〇四年.
ピランデッロ、ルイージ「作者を探す六人の登場人物」、『ピランデッロ戯曲集　第二巻』白澤定雄訳、新水社、二〇〇〇年.
ブランシャール、ポール『演出の歴史』安堂信也訳、白水社、一九六一年.

ブルック、ピーター『なにもない空間』高橋康也・喜志哲雄訳、晶文選書、一九七一年.
フリード、マイケル「芸術と客体性」川田都樹子・藤枝晃雄訳、『批評空間《臨時増刊号》モダニズムのハードコア——現代美術批評の地平』太田出版、一九九五年.
ブレヒト、ベルトルト「オペラ『マホガニー』への注釈」、『ベルトルト・ブレヒトの仕事　第二巻——ブレヒトの文学・芸術論』石黒英雄他訳、河出書房新社、二〇〇六年.
——「三文オペラ」、『ブレヒト戯曲全集　第二巻』岩淵達治訳、未来社、二〇〇五年.
——「真鍮買い」、『ベルトルト・ブレヒト演劇論集I——真鍮買い、演劇の弁証法、小思考原理』千田是也訳、河出書房新社、一九七三年.
——「僕らは美学を精算すべきか?」、『ベルトルト・ブレヒトの仕事　第二巻——ブレヒトの文学・芸術論』.
——「弁証法的劇作」、『ベルトルト・ブレヒト演劇論集I——真鍮買い、演劇の弁証法、小思考原理』.
ペイター、ウォルター「ルネサンス」富士川義之訳、『ウォルター・ペイター全集』筑摩書房、二〇〇二年.
ベケット、サミュエル『エレウテリア』坂原真里訳、白水社、一九九七年.
ベンヤミン、ヴァルター「叙事演劇とは何か」、『ベンヤミン・コレクションI』浅井健二郎編他訳、ちくま学芸文庫、一九九五年.
山口昌男『始原　山口昌男著作集II』筑摩書房、二〇〇二年.
吉見俊哉「演劇論的アプローチ」、『情報学事典』北川高嗣他編、弘文堂、二〇〇二年.
ランシエール、ジャック『解放された観客』梶田裕訳、法政大学出版、二〇一三年.
渡辺裕『聴衆の誕生——ポスト・モダン時代の音楽文化』中央公論新社、二〇一二年.

Abel, Lionel, *Tragedy and Metatheatre*, New York: Holmes & Meier, 2003.

Edward Albee, "Playwright versus the Theatre", *The Listener*, no. 102 (7 February 1980).

Beckett, Samuel, *Waiting for Godot*, London: Faber and Faber.

Beckett , Samuel and Alan Schneider, *No Author Better Served: The Correspondence of Samuel Beckett and Alan Schneider*, ed. Maurice Harmon, Cambridge: Harvard University Press, 1998.

Bentley, Eric, *The Life of the Drama*, London: Methuen, 1965.

Berman, Marshall, *All That Is Solid Melts into Air: The Experience of Modernity*, New York: Penguin, 1988.

Bradley, A. C., *Shakespean Tragedies: Lectures on Hamlet, Othello, King Lear, Macbeth*, London: MacMillan, 1974.

Craig, Edward Gordon, *On the Art of the Theatre*, ed. Franc Chamberlain, London: Routledge, 2009.

Croyden, Margaret, *Conversations with Peter Brook 1970-2000*, New York: Faber and Faber, 2003.

Eliot, T. S., "Hamlet", *Selected Prose*, ed. Frank Kermode, San Diego: A Harvest Book, 1975.

Esslin, Martin, *Theatre of the Absurd*, the third edition, New York: Vintage, 2004.

Kalb, Jonathan, *Beckett in Performance*, Cambridge: Cambridge University Press, 1989.

Lawrence, D. H., "When I read Shakespeare", *The Complete Poems of D. H. Lawrence*, vol. II, London: William Heinemann, 1957.

Pinter, Harold, "On The Birthday Party I", *Various Voices: Prose, Poetry, Politics 1948-2005*, London: Faber, 2005.

Poe, Edgar Allan, "The Spectacles", *The Complete Tales and Poems of Edgar Allan Poe*, London: Penguin, 1982.

Pope, Alexander, "An Essay on Criticism", *The Complete Poetical Works of Pope*, Boston: Houghton Mifflin Co., 1903.

Robins, Elizabeth, *Ibsen and the Actress*, London: Hogarth Press, 1928.

Tynan, Kenneth, *Theatre Writing*, London: Nick Hern Books, 2007.

Schneider, Alan, "Working with Beckett", *Samuel Beckett: The Critical Heritage*, eds. Lawrence Graver and Raymond Federman, London: Routledge & Kegan Paul, 1979.

Wilde, Oscar, "The Critic as Artist", *The Soul of Man under Socialism & Selected Critical Prose*, London: Penguin, 2001.

—, "The Soul of Man under Socialism", *The Soul of Man under Socialism & Selected Critical Prose*.

**川島 健**

…かわしま・たけし…

ロンドン大学ゴールドスミス校にてMphil取得。
東京大学大学院にて博士号取得(2008年)。
早稲田大学高等研究所助教、
広島大学大学院文学研究科准教授を経て現同志社大学文学部准教授。
主な著書に、『ベケットのアイルランド』(水声社、2014年)、
『ベケットを見る八つの方法』(共編著、水声社、2013年)、
『サミュエル・ベケット!』(共編著、水声社、2012年)。
訳書に、
ジェイムズ&エリザベス・ノウルソン『サミュエル・ベケット証言録』
(共訳、白水社、2008年)。
2010年福原麟太郎賞(「ベケットのダブリン詩篇」研究助成)受賞。



フィギュール彩㊺
**演出家《えんしゅつか》の誕生《たんじょう》**
**演劇《えんげき》の近代《きんだい》とその変遷《へんせん》**

二〇一六年一月一二日　初版第一刷

著者——川島 健
発行者——竹内淳夫
発行所——株式会社 彩流社
〒一〇二—〇〇七一
東京都千代田区富士見二—二—二
電話:〇三—三二三四—五九三一
ファックス:〇三—三二三四—五九三二
E-mail:sairyusha@sairyusha.co.jp
印刷——明和印刷(株)
製本——(株)村上製本所
装丁——仁川範子





ISBN978-4-7791-7047-8 C0374

http://www.sairyusha.co.jp